LA SABIDURÍA DE LA MUERTE

TRATADO SOBRE EL BARDO THÖDOL Y EL YOGA DEL SUEÑO

RAFAEL PAVÍA

KOLIMA BOOKS

Título original: *La sabiduría de la muerte.*
Tratado sobre el Bardo Thödol y el yoga del sueño

Primera edición: Septiembre 2021
© 2021 Editorial Kolima, Madrid
www.editorialkolima.com

Autor: Rafael Pavía
Dirección editorial: Marta Prieto Asirón
Maquetación de cubierta: Sergio Santos
Maquetación: Carolina Hernández Alarcón

ISBN: 978-84-18811-23-4

A Padmasambhava y a todos sus discípulos, que han preservado las enseñanzas sobre la «luz clara».

ÍNDICE

PRÓLOGO

Siendo joven tenía grandes inquietudes por conocer la verdad que nos rodea, sentía la necesidad de saber cuál es el destino que a todos nos espera tras nuestra efímera existencia y cómo enfrentarnos a nuestro quehacer diario. Me introduje en la tradición esotérica de Occidente, conocí la teosofía, a los espiritistas, rosacruces, templarios, masones, gnósticos, etc. Todo apuntaba hacia una dirección, el famoso: «*Homo nosce te ipsum*» (Hombre, conócete a ti mismo). Luego seguí formándome en la tradición oriental del yoga, el budismo zen, vajrayana; así me impregné de la sabiduría de Oriente, que nos dirige hacia el conocimiento de nosotros mismos, como no podía ser de otro modo. En mis andares conocí a un egiptólogo, que me dijo: «Los egipcios vivían más para la muerte que para la vida», y aún resuena en mi cabeza aquello de «De la vida algo se aprende, de la muerte todo se aprende».

Todos quisiéramos tener la certeza de que existe la eternidad, de que nuestro destino no se para en seco cuando la parca viene a cogernos. He trabajado incansablemente para ver el modo certero de conseguir el «elixir de la larga vida», pues las teorías o creencias que tratan sobre el tema del alma y su inmortalidad, aunque al principio te animan y dan esperanza, con el tiempo resultan secas y un tanto estériles. Sin embargo, la lectura de los grandes místicos de Oriente y Occidente transmite una luz que excede el simple razonamiento. La práctica de la contemplación y el silencio interior enriquece nuestra conciencia, aportándole nueva luz y una visión más amplia y profunda que traspasa las palabras y se funde en un silencio esclarecedor; de ahí que se diga que «el silencio es la elocuencia de la sabiduría».

Desde una perspectiva contemplativa se pueden asumir ideas sobre lo abstracto o intangible: la eternidad, el alma, la psiquis, la mente, el yo o ego, etc. A la práctica de la contemplación le sigue la reflexión serena que comprende que los pensamientos, ideas, teorías o conceptos no son más que eso: pensamientos, teorías o creencias, y por tanto, se abandona esa tendencia a auto-convencernos de que lo que pensamos o creemos es lo cierto. Al observarnos por encima de nuestra mente ordinaria con todas sus convicciones, que a la vez se convierten en nuestras propias limitaciones, estamos abriendo una puerta a lo que aún desconocemos de nosotros mismos. Entonces la contemplación se vuelve esclarecedora.

La luz de nuestra conciencia se descubre a sí misma, reconociendo sus orígenes y su naturaleza abstracta y existencial, lo que nos conduce a comprender su propia evolución. Sobre ello ya hablamos en nuestro libro *Conciencia integral*[1]. El caudal creativo de nuestra conciencia es ilimitado; el paso entre lo tangible y lo intangible o entre lo material y lo abstracto es una experiencia íntima que cada cual debe experimentar. La ciencia de la contemplación solo puede corroborarse de dos modos: por experiencia propia y al comprobar que el lenguaje místico es universal y se hace entendible para quien ha despertado su conciencia a su aspecto o naturaleza abstracta e intangible.

Ahora bien, entre lo intangible y lo tangible existe una naturaleza intermedia, energética, sutil, anímica, que debe descubrirse experiencialmente, en carne propia. En ambas tradiciones, la oriental y la occidental, se nos dan ejercicios para activar y hacer más presente en nuestras vidas lo sutil

---

1   Editorial Kolima, 2019.

de la existencia, la naturaleza intermedia que existe entre lo material-tangible y lo espiritual-intangible.

Si algo debemos agradecerle al budismo del viejo Tíbet son sus enseñanzas, y en particular el tantra, el yoga del sueño y el *Bardo Thödol* o *Libro tibetano de los muertos*, ya que sus enseñanzas nos proporcionan multitud de prácticas para reconocer la naturaleza sutil de nuestra psiquis y mente. Esperamos que el presente libro les permita una agradable introducción al conocimiento de los misterios de la vida y la muerte, el yoga del sueño, y cómo el tránsito de la muerte puede asumirse con la mayor lucidez posible.

Este tratado sobre los sueños y el tránsito a la muerte no es un tratado sobre los sueños al uso común, pues ya existen muchos textos que nos hablan sobre los sueños, incluyendo diccionarios muy completos sobre simbología onírica. Lo que pretendemos mostrar en este texto es la inmanencia y la trascendencia que el sueño tiene. Inmanencia porque los sueños forman parte de nuestra vida y pertenecen a la naturaleza de nuestro Ser; y trascendencia porque los sueños son indicadores de nuestra realidad psíquica: son una muestra de aquello que pensamos, sentimos y hacemos, descubriéndonos una realidad más completa de lo que somos. Sin embargo, los sueños no son determinantes; nos pueden advertir, indicar, orientar sobre diferentes aspectos de nuestra vida, pero su función se limita a esta cuestión: servir como un indicador de nuestra actividad psíquica. Incluso los llamados sueños proféticos no tienen la potestad de cumplirse, ya que lo que tenga que ocurrir, tanto en el presente como en el futuro, dependerá exclusivamente de nosotros mismos y de cómo tratemos las circunstancias dadas.

Es cierto que los sueños tienen una naturaleza mágica y que, al desmarcarse de la temporalidad del estado de vigilia, producen fenómenos de sincronicidad, como también puede suceder en el estado de vigilia, pues uno puede estar pensando en un amigo suyo para al girar la esquina encontrarse con él o recibir una llamada suya justo cuando estaba pensando en él. Y la magia de los sueños es muy amplia, pues podemos encontrarnos con viajes fantásticos a lugares que ya visitamos o que estemos por visitar, o en lugares con los que sintonizamos de cualquier zona del mundo. También los sueños son mágicos porque poseen una plasticidad inherente que permite cambiar figuras, formas, personajes, etc. Eso, y añadido al hecho de que el sueño es intemporal, convierten el mundo onírico en un mundo mágico.

Podríamos hablar sobre los fenómenos oníricos hasta llenar una enciclopedia entera y ver cómo esos fenómenos psíquicos nos enganchan de un modo fantástico; podríamos practicar la onironáutica y procurarnos sueños lúcidos, donde la magia del sueño se engrandece, pero eso no dejaría de atraparnos en una realidad fenoménica y no alcanzar a descubrir el nóumeno o causa del fenómeno onírico.

El nóumeno, causa y origen del fenómeno del sueño, es lo que tratamos en este libro. Por ello hablaremos del sueño y también de su antecesor, el sueño profundo o sueño sin sueños, y su correspondencia con el estado de vigilia.

Trascender el sueño es comprender toda su fenomenología, incluidos los sueños lúcidos, lo que nos llevaría al despertar pleno de nuestra conciencia. Sabios e iluminados que han sido referencia y guías de la humanidad insisten, tanto en Oriente como en Occidente, en la necesidad de despertar la conciencia, lo cual significa que aún no somos conscientes. Pero ¿de qué no somos conscientes? Pues no somos conscientes de «nosotros mismos». Ser conscientes implica conocernos en nuestra totalidad, tanto en el estado de vigilia, en lo psíquico u onírico, como en la realidad del sueño profundo.

Encontraremos que el más enigmático es el sueño profundo o sueño sin sueños, porque siendo un fenómeno que experimentamos cada noche al caer dormidos en nuestra cama, lo obviamos suponiendo que ocurre por simple cansancio corporal y que no tiene mayor importancia. Pero la realidad es muy diferente. De hecho, como trataremos en este libro, el estudio del sueño profundo nos llevará a descubrir el tránsito de la muerte, y mediante el yoga del sueño podremos entender los misterios de la muerte.

Hoy en día en Occidente tenemos la fortuna de conocer el *Libro tibetano de los muertos* o *Bardo Thödol*, ya que la tradición de los psicopompos[2] de la antigua Grecia y Egipto se perdió aquí en Occidente, y muy atrás quedaron también las tradiciones de los druidas celtas, que como los chamanes también sabían sobre los misterios de la muerte. Como recurso ante el olvido de la cultura occidental de la temible muerte nos han venido del viejo Tíbet las enseñanzas del *Bardo Thödol*, donde se nos enseña lo que es la «luz clara» que el difunto experimenta después de pasar por el «bardo» o doloroso tránsito de la muerte.

Así, en este libro enlazaremos los estados de vigilia, sueño y sueño profundo para descubrir la naturaleza original de nuestro Ser, que comprende el espíritu de la vida, al que llamaremos Zoé. En este espíritu de Zoé encontraremos nuestros orígenes y nuestro presente para descubrir el Tao, o sentido de la vida, con su día y su noche, su nacer y su morir.

En la luz clara se encuentra una conciencia unificadora, integral, a la que las tradiciones de la meditación contemplativa se refieren como «unidad no dual», ya que la dualidad tiende a generar multiplicidad, lo que entraña el riesgo de

---

2   Un psicopompo es un ser que en las mitologías o religiones tiene el papel de conducir las almas de los difuntos hacia la ultratumba, cielo o infierno. La voz proviene del griego ψυχοπομπός (*psychopompós*) que se compone de *psyche*, 'alma', y *pompós*, 'el que guía o conduce'. Fuente: Wikipedia.

la «herejía de la separatividad»: nuestra capacidad racional se debate entre la dualidad de los contrarios, sin captar que toda dualidad es contraria y a la vez complementaria. Encontrar nuestro origen primordial y su unidad no-dual es el camino hacia la realización y la iluminación, donde hallaremos la luz primordial, la luz sin sombra. Esta luz sin sombra es la conciencia pura y original que trasciende la lucha dual de los contrarios y descansa en paz tanto en la vida como en la muerte.

PRIMERA PARTE.
LA SABIDURÍA DE LA MUERTE

Padmasambhava (gurú Rimpoché). Pintura mural del templo budista de Ladakh, India. Fuente: Shutterstock.

1. FRENTE A LA MUERTE, LA VIDA PLENA

«De lo temporal a lo eterno solo hay un paso:
la presencia en el presente».

Todos tendremos que enfrentar algún día nuestra muerte, pero ocuparnos de esta cuestión, investigar, comprender lo que es la muerte y cómo nos afecta realmente no es muy popular o atractivo. Nuestra sociedad anda demasiado ocupada con los asuntos de la vida como para prestar atención a lo que es inevitable, dejando de lado este asunto de la muerte, que al fin y al cabo parece que poco aporta a nuestra atareada vida.

Cuando la muerte se asoma y nos toca de cerca, en familiares y amigos, sencillamente nos cobijamos en nuestro dolor sin saber cómo enfrentar el fatal desenlace, y el sufrimiento se vive en la intimidad emparejado con la soledad, porque, aunque familiares y amigos nos acompañen y recibamos su apoyo, algo que siempre se agradece, quedamos confundidos sin encontrar respuesta ante el enigma de la muerte.

En el caso de que nos toque a nosotros por enfermedad o accidente y nos veamos ante el umbral de la muerte, el misterio se vuelve agudo y grave. Entonces, ante la oscura parca, nuestra alma angustiada, como dijo el gran Goethe en el momento de su muerte, requiere luz, «Luz, más luz».

En algunos casos una experiencia cercana a la muerte (ECM) nos invita a cambiar nuestra forma de vida, haciéndonos tomar conciencia de que hay que aprovechar nuestro tiempo del mejor modo posible. En otros casos, la mayoría, sencillamente se retorna a la vida normal, dándonos por satisfechos por ello, por seguir viviendo, aunque sepamos que en cualquier momento tendremos que pasar de nuevo por el umbral de la muerte.

Existe abundante documentación e información sobre el asunto por parte de las religiones, la filosofía, la antropología, la tanatología, la parapsicología, etc. pero aún así no encontramos una respuesta consoladora. Parece que el muro entre la vida y la muerte es infranqueable. Por ello muchos desestiman la indagación y pocos son los que se atreven a introducir su alma en la frontera del Más Allá.

Elisabeth Kübler-Ross, en su popular libro *La muerte, un amanecer,* relata su propia experiencia y toda su labor con los moribundos, aportando esperanza a quienes no quieren ver un punto y final en la muerte. También encontramos el popular libro del psiquiatra y filósofo Raymond A. Moody, *Vida después de la Vida*, que igualmente aporta esa esperanza de que la vida no termina con la muerte. Estos autores y otros menos conocidos contribuyen con su granito de arena frente al enorme desconsuelo en que nos sume la implacable parca.

Desde hace unos años, los occidentales hemos recibido desde el viejo Tíbet su libro más famoso, el *Bardo Thödol* (que en sánscrito significa liberación por el oído del tránsito de la muerte), más conocido por *El Libro tibetano de los muertos*. Fue el antropólogo W.Y. Evans-Wents quien publicó en 1927 la primera traducción de este valioso libro, que ha gozado de gran popularidad entre los investigadores en este campo, interesando a grandes pensadores de nuestros tiempos, como el famoso psiquiatra C. G. Jung, el arqueólogo y orientalista Giuseppe Tucci, quien también tradujo este maravilloso libro, cuya autoría se atribuye al gran

Padmasambhava, que fue quien introdujo el budismo tántrico hindú en el viejo Tíbet. Estas enseñanzas del *Libro tibetano de los muertos*, junto con el auge del budismo tibetano, han sido una de las contribuciones más valiosas que existen al asunto que nos concierne, pero sus enseñanzas no son accesibles, ni fáciles de comprender, pues la visión que aportan es desconocida para la inmensa mayoría de la gente, quedando su comprensión reducida a algunos eruditos interesados en el tema y los firmes practicantes del budismo tibetano.

En el año 2013 organicé un retiro nacional en el monasterio budista Sakia Paramita (situado en la provincia de Alicante y uno de los monasterios budistas más grandes de Europa) sobre el *Bardo Thödol*. Aunque los asistentes ya tenían un previo conocimiento sobre estas enseñanzas, reconozco que fue complicado para ellos comprenderlas, pues poseen una profundidad enorme tanto en su parte teórica como práctica. La experiencia de este retiro me hizo entender que nuestra cultura occidental aún está lejos de asimilar estas profundas y enigmáticas enseñanzas.

Sobre nuestra cultura pesan demasiado las creencias asimiladas del cristianismo, el esoterismo, el espiritismo y demás información que nuestra tradición occidental ha acumulado al respecto. Para comprender las enseñanzas del *Bardo Thödol* se requiere de una apertura y una nueva visión; y eso en lo teórico. En la práctica se requiere de un intenso trabajo sobre uno mismo; de hecho, se suele decir que la experiencia sobre estas enseñanzas corresponde a los grandes *maha-siddhis*, maestros con grandes poderes psíquicos, de gran sabiduría.

Aunque tengamos la plena confianza de que existe vida más allá de la muerte, e incluso aunque hayamos tenido una experiencia cercana a la muerte (ECM), o una experiencia *post mortem* (EPM), ello no significa poder superar con éxito el examen final de nuestras vidas. Quiero decir, que no nos basta con la simple esperanza o creencia de que hay algo más allá, y no pongo en duda el que existe una continuidad de nuestra vida después de abandonar nuestro cuerpo físico. Pero la cuestión es ¿cómo experimentar tal continuidad o vida después de morir físicamente? Obtenerla precisa de una actividad lúcida por parte de nuestra conciencia, cuestión que solo es viable en caso de haberla obtenido en vida, mientras tenemos cuerpo físico.

Lo cierto es que cuando nos llega el examen final de nuestras vidas nos encontremos solos frente al enigma, y aunque tuviéramos la asistencia de un buen lama, como mi amigo Gueshe Tamding Gyatso (1927-2002), quien tuvo el encargo de asistir a sus colegas en el tránsito de la muerte en Europa, poco podríamos hacer desde nuestra carencia de conocimientos y experiencias al respecto. Salir bien parados de nuestro examen final en la vida requiere dedicación.

En esta ocasión vamos a procurar facilitar un entendimiento y una práctica que nos proporcione al menos una buena introducción sobre la materia que nos permita seguir indagando y practicando con el objetivo de lograr esa continuidad que de la conciencia debe obtenerse para trascender el doloroso muro del bardo (tránsito) de la muerte.

De lo efímero a lo atemporal

«El temor a la muerte, señores, no es otra cosa que considerarse sabio sin serlo, ya que es creer saber sobre aquello que no se sabe. Quizá la muerte sea la mayor bendición del ser humano, nadie lo sabe, y sin embargo todo el mundo la teme como si supiera con absoluta certeza que es el peor de los males».

SÓCRATES

Se nos hace muy extraño hablar de la eternidad. Aunque el uso de esta palabra nos es familiar, es una idea abstracta difícil de asumir por nuestra capacidad racional. Más accesible se nos hace ver o identificar lo finito pues todos los días vemos cómo todo caduca bajo el paso del tiempo, aunque asumir nuestra finitud es un primer paso para abordar lo atemporal. Ante la finitud de nuestra existencia hemos creado diferentes creencias sobre nuestra alma y aquello que sobrevive después de la muerte, aunque la incertidumbre acerca de las creencias siempre nos surge en los momentos cruciales, pues la fe sin experiencia no nos es suficiente.

La práctica contemplativa nos permite ser más conscientes de lo efímero. Esa conciencia que observa los efectos del tiempo sobre nosotros mismos y sobre todo lo que nos rodea es la clave para encontrar aquello que permanece, aquello que tiene una continuidad.

Es la propia conciencia la que observa el paso del tiempo, la que nos descubre su naturaleza atemporal. La conciencia observa cómo transcurre nuestra existencia día a día, y cuando mantenemos nuestra observación activa nos damos cuenta de que el propio tiempo agota incluso nuestra memoria y nuestros recuerdos, pues el tiempo que se refugia en nuestra memoria también se extingue. Aunque intentemos perdurar en el tiempo con recuerdos acumulados en forma de pertenencias, fotografías, y todo aquello que mantenemos de nuestro pasado, en la contemplación descubrimos que finalmente todo se extingue. Por ejemplo, cuando volvemos al barrio donde nos criamos de pequeños vemos que todo ha cambiado, sus tiendas, locales, casas, etc. y sabemos que todo aquel viejo barrio seguirá cambiando hasta que llegue el día en que poco o nada quede de él. Y así ocurre con todos nuestros ayeres, con todos nuestros recuerdos; aquel descampado lleno de piedras donde los chicos del barrio jugábamos al futbol ahora es un centro comercial, aquel local de juegos recreativos ahora es una peluquería de señoras, las vías del tren cercanas al barrio desaparecieron bajo el suelo por donde ahora circula el metro, etc.

Solemos identificar la conciencia con el propio recuerdo, intentando encontrar una permanencia que nos asegure que tenemos algo que se perpetúa. Pero sigamos contemplando, sigamos observando y veremos cómo el tiempo va de la mano con la muerte sepultando poco a poco nuestros recuerdos.

La conciencia atenta y contemplativa se percata de que ya nos somos aquellos niños y jóvenes adolescentes, pues hemos ido cambiando nuestra forma de pensar y actuar, aunque buscando nuestra permanencia nos aferramos a nuestros recuerdos para identificarnos con ellos, para sentir que seguimos siendo una entidad que permanece a pesar del tiempo, del olvido y de que nuestros sentimientos, pensamientos y acciones hayan cambiado.

Llegado el momento en que tomamos conciencia de lo finito, ¿en qué nos amparamos para localizar lo eterno, lo que continúa, lo que permanece? Ante esta encrucijada entre lo temporal y lo atemporal nuestra conciencia resuelve el enigma situándonos en el presente, agudizando la conciencia del «aquí y ahora».

Son diversas las enseñanzas tradicionales y contemporáneas que se refieren con insistencia a la necesidad de vivir el presente, el momento, el instante, el aquí y ahora, como se practica por ejemplo en la meditación *mindfulness*, actualmente en auge.

Efectivamente, vivir el presente nos conecta con lo eterno. ¿Puedes entenderlo? Es sencillo y simple cuando mantenemos la práctica contemplativa, tanto en la quietud como en la actividad. Al sostener la atención en el presente descubrimos que es nuestra propia conciencia la que permanece, la que continua, la que persiste, sin aferrarse a lo que ya reconoce como temporal y finito.

En la medida en que reforzamos nuestra conciencia en la atención presente, vamos soltando los vaivenes del ayer y del mañana dejando atrás el tempestuoso temporal de lo efímero.

Dicen los budistas que existen cuatro tiempos: el pasado, el presente, el futuro y el presente no condicionado por al ayer ni el mañana. Cuando nos mantenemos en ese cuarto tiempo tocamos las puertas de la eternidad; de ahí la importancia de cultivar una atención plena en el presente que nos descubra la continuidad permanente de la conciencia.

Se puede objetar que es difícil mantenerse en esa perpetua atención lúcida en cada momento, estado del que los practicantes del *mindfulness* gozan al principio, pero suelen ser habituales el desgaste, el cansancio de la práctica, la falta de constancia y ello es debido a una inadecuada motivación o a una idea errónea sobre el sentido y el objetivo de mantenerse en el presente.

D.E.P.

«Vivir el presente en su plenitud es sentir lo eterno».

«Descanse en paz», solemos desearle al difunto. Detrás de esta expresión encontramos nuestro mejor deseo para los difuntos. En el fondo de toda práctica contemplativa buscamos esa paz que les deseamos a los difuntos. La paz eterna no solo les incumbe a los difuntos; en realidad es un estado de conciencia al que todos aspiramos. La meditación contemplativa es ideal para el logro de la paz en vida.

La naturaleza contemplativa

«En el principio era el Verbo, y el Verbo era con Dios, y el Verbo era Dios».

Evangelio de San Juan

La meditación contemplativa es realmente sencilla y simple, y es precisamente esa sencillez y esa simplicidad lo que desconcierta, pues nuestra mente, siempre agitada e hiperactiva, no está por la labor contemplativa; es por ello que se han desarrollado multitud de técnicas para apaciguarla. Nuestra sociedad, tan al unísono con la hiperactividad, tiene sus buscadores de la paz y la serenidad, y así surgen la meditación *mindfulness*, el yoga, el zen, etc. y otras técnicas que pasan por el ejercicio de la concentración que nos procura centrarnos en una sola cosa, en un solo objeto, enfocándose todas ellas en la atención, una atención que nos sitúa en el presente evitando todas las distracciones.

El ejercicio de la atención permite que nuestra conciencia se active; así, aquellos momentos en los que nuestra mente se encuentra atenta y relajada son los momentos lúcidos que inspiran nuestra vida.

La atención nos proporciona lucidez, claridad, serenidad, y con ello la conciencia se emancipa y aproxima a la naturaleza contemplativa. En dicha contemplación nos familiarizamos con los diferentes grados de iluminación y comprensión, aprendiendo a percibir más allá de las palabras el origen insondable de nuestro Ser.

Al contemplar la naturaleza vamos asimilando que la quietud y el movimiento van parejos; nada permanece en quietud absoluta. Cualquier paisaje que contemplemos tiene sus movimientos incorporados: el ave que surca el cielo, el ciervo que corre por el valle, etc. A la vez, el silencio tampoco es absoluto, sino que en él podemos percibir mejor todos los sonidos que se producen en la tranquilidad de la naturaleza. Lo maravilloso de la contemplación es la percepción, que discurre hacia nosotros como algo nuevo, refrescante, incluso tonificante; es por ello que la contemplación en la naturaleza nos resulta tan reconfortante.

En la medida en que nos ejercitamos en la contemplación, nuestra atención y percepción nos brindarán ese refrescante y saludable estado lúcido que nuestra alma, nuestra psiquis, tanto anhela. La contemplación nos permite ese estado de atención en el presente, experimentar lo nuevo; por ello decimos que es refrescante, ya que incluso contemplar la taza con la que desayunamos todos los días resulta agradable, y no porque la taza sea diferente, sino porque la nueva y plena atención que le prestamos en ese momento nos conecta con la energía de la vida y su luz siempre presente.

Contemplar al contemplador

«Antes de dar nombre a las cosas tuvimos que verlas tal como eran: Adán les pone nombre a todos los animales».

GÉNESIS 2:18-20

Llegado el momento, en la práctica de la contemplación nos adentramos en nosotros mismos, dándose de modo natural la observación del propio contemplador, es decir, que el observador se observa a sí mismo. En esta experiencia conectamos con la fuente de la vida, con nuestro origen primordial, y lo nuevo, lo naciente, la luz que alumbra nuestro existir, descubre aquello que siempre ha sido, es y será.

La contemplación nos permite dar un salto cualitativo en nuestra observación, ayudándonos a pasar de una lógica racional a una lógica intuitiva, que trasciende las palabras y los conceptos. Poco a poco vamos comprendiendo la verdadera naturaleza de la mente. Habitualmente nuestra mente ordinaria está llena, saturada, de problemas y posibles soluciones. Poco a poco nos damos cuenta de las limitaciones de nuestra mente pensante. Es nuestra propia conciencia la que nos abre a una lógica intuitiva, capaz de discernir con una agudeza proporcionada por la propia claridad mental. La maravillosa experiencia de observar al observador nos permite salir del laberinto de la mente ordinaria.

R.I.P. «Requiescat in pace»

«Sed fugit interea, fugit irreparabile tempus»
(Pero huye entre tanto, huye irreparablemente el tiempo).

VIRGILIO

Dejar que nuestra mente descanse en paz es la tarea de la meditación contemplativa: a mayor paz y serenidad mayor claridad. Con dicha claridad avanzamos hacia el descubrimiento pleno de nuestra mente, donde todo surge y donde todo se disuelve.

Ante la tragedia irremediable de la muerte todo termina, todo desaparece, quedando en nosotros la incógnita de lo que permanecerá. Este es problema al que nos enfrentaremos. La solución a este enigma estriba en nuestra conciencia, en la atención plena. La cuestión es conseguir mantener la atención lúcida en el mismo proceso del desencarnar.

En la tradición occidental de los masones y rosacruces se iniciaba al neófito con el simbólico saludo de llevar el dedo índice hacia los labios, indicando el silencio que dará paso a la contemplación. Seguía el ritual introduciendo al neófito en un ataúd, con su sala mortuoria, dejándolo en soledad para su reflexión, donde redactará su testamento. En mi experiencia con este ritual sobrecogedor e impactante comprendí que la vida no puede contemplarse descartando la muerte, pues ella siempre anda revoloteando aquí y allá. La solución final no puede hallarse en otro lugar que no sea en nosotros mismos, en nuestra propia conciencia.

La luz de la conciencia

«Lo importante de la vida no es lo que tengamos acumulado en el sepulcro de la memoria, sino lo que hayamos comprendido no solo en el nivel intelectual sino también en los distintos terrenos subconscientes e inconscientes de la mente».

SAMAEL AÚN WEOR

Son multitud las EPM documentadas. En la mayoría de estas experiencias el difunto se ve en un túnel con una luz al fondo. Al llegar a dicha luz su conciencia se expande y él se siente embargado de una dicha y felicidad fuera de lo común. Aunque ninguna EPM es idéntica, el encuentro con la luz es semejante. ¿Y qué es esa luz? ¿De dónde surge? Para los creyentes es el mismo Cielo, para meditadores contemplativos experimentados es la conciencia en su estado primordial u original.

También debemos decir que no todas las EPM resultan agradables. Conozco diversos relatos de EPM desagradables, por no decir infernales, aunque suele ser habitual que lo desagradable nos lo guardemos para nosotros mismos.

Sigamos con la luz. En sus enseñanzas, el *Bardo Thödol* habla del encuentro entre la Madre Clara Luz y su hijo, que coincide con lo descrito en las EPM agradables. El permanecer en dicha luz acompañada siempre de felicidad depende de nuestra capacidad o entrenamiento en el estado de contemplación. El mantenerse en tal estado de la luz clara también depende de la conciencia que hayamos generado entre lo finito o temporal y lo eterno o atemporal. En la luz clara no hay medida de tiempo; como decían los antiguos mayas, es «el tiempo del no tiempo». Cuando vayamos experimentando la práctica de la contemplación comprobaremos que la medida del tiempo se desvanece; lo cronométrico se disipa en la luz clara, adentrándonos en lo atemporal, en lo eterno y lo permanente, que no es otra cosa que nuestra propia conciencia.

La esperanza final

«Solo los seres humanos han llegado a un punto donde no saben por qué existen. No emplean su cerebro y han olvidado el conocimiento secreto del cuerpo, los sentidos o los sueños. No utilizan el conocimiento que el espíritu ha puesto en cada uno de ellos y ni siquiera son conscientes de esto y por ello tropiezan a ciegas por el camino de la nada: una carretera pavimentada que ellos mismos nivelan y aplanan para llegar más aprisa al enorme agujero que encontrarán al final del camino, esperando para devorarlos. Es una carretera súper-rápida, muy cómoda, pero yo sé a

dónde conduce. Lo he visto. He estado allí en mi visión y me estremezco solo de pensarlo».

CHAMÁN INDIO «CIERVO COJO»
(*Ensoñación y espacio interior, el mundo del chamán*)

Todos esperamos consuelo ante el sufrimiento que nos produce la muerte de los seres queridos o nuestra propia muerte. Para ello hemos desarrollado múltiples frases y discursos consoladores, que tomamos como muletas para poner un parche de alivio al sufrimiento que nos abruma ante la muerte.

Buscamos consuelo, la esperanza de que nuestros seres queridos siguen ahí, en otro espacio, en otro plano, y que también nosotros continuaremos nuestro existir en esos planos o espacios que cada cultura y sus religiones nos han presentado como el Cielo, el Nirvana, etc. Cuando nos iniciamos en la investigación sobre el misterio de la muerte y el «Más Allá» encontramos una diversidad de opciones a barajar. En la cultura occidental estuvimos mucho tiempo, siglos, evitando el tema de la reencarnación, idea que fue rechazada por el cristianismo institucional. Ante este rechazo aparecieron alternativas, como el espiritismo, que tuvo su auge con la escuela de Allan Kardec (1804-1869), quien sintetizó la doctrina pujante del espiritismo de su época. Para muchos, el espiritismo y toda su fenomenología supusieron un consuelo, una esperanza donde hallar el alivio de que nuestros seres queridos siguen cerca de nosotros y que incluso podemos comunicarnos con ellos mediante la guija o los médiums, que en esa época gozaron de gran popularidad. También muchos teósofos se familiarizaron con el espiritismo. Se llegaron a realizar experimentos para intentar demostrar la realidad de esos fenómenos paranormales, pero la ciencia descartó toda esa fenomenología como simple superchería. Para la ciencia los médiums eran epilépticos con trastornos de personalidad, la guija un simple juego de trucos ilusorios, etc. Es evidente que la fenomenología espiritista existe y nos ha acompañado desde siempre de un modo u otro, aunque lamentablemente carece de la objetividad que nuestro actual estado mental-racional demanda hoy en día.

A lo largo de la historia espiritista hemos visto como el engaño y la subjetividad, más que proporcionar claridad ha confundido y desencantado a muchos, resultando en mayores dosis de escepticismo y temor, incluso a pesar de haber vivido experiencias intensas e inexplicables.

Todas las culturas del pasado tuvieron su modo de buscar a los espíritus de otros mundos. En tiempos lejanos los chamanes se ocupaban de estos menesteres. Entre los antiguos griegos, los llamados psicopompos (conductores de almas) eran los encargados de asistir a los difuntos en su viaje hacia el Más Allá. Por tanto, la fenomenología espiritista siempre ha deambulado por todas las culturas, incluida la tibetana, cuya ancestral religión Bön estaba llena de magia y espíritus. Lamentablemente, en el caso del espiritismo moderno u occidental, los médiums carecían de una formación o tradición adecuadas; y nuestra cultura cristiana también ha despreciado todas estas cuestiones, calificándolas de brujería. En definitiva, el espiritismo occidental fracasó en su intento de conciliar el mundo de los vivos y el de los muertos. En cambio, en Mongolia, el Tíbet y en ciertas culturas indígenas, el chamanismo sigue vigente conciliando ambos mundos; toda una fenomenología espiritista de chamanes que se fundamenta en una tradición milenaria.

Sin embargo, la esperanza no debemos fundamentarla en lo ilusorio, en simples creencias que siempre generarán dudas, escepticismo y confusión. Pero basta estudiar a Mircea Eliade y su libro *El chamanismo y las técnicas arcaicas del éxtasis,* o a Holger Kalweit y su libro *Ensoñación y es-*

pacio interior, el mundo del chamán, para darse cuenta de que los fundamentos y la tradición de los chamanes tienen su peso y validez, aunque choquen con nuestra actual visión racional y escéptica contemporánea. ¿Acaso podemos abordar la experiencia de la muerte desde el escepticismo racional? Esta es la cuestión. De ahí la necesidad de la meditación contemplativa, que desde su natural vivencia nos llevará de la lógica racional a la lógica intuitiva aunque sin perder por ello la objetividad, puesto que en este caso será nuestra propia conciencia la que se encargará de distinguir lo subjetivo de lo objetivo.

Visión moderna racional y visión tradicional

«La magia es el arte de actuar sobre las cosas a voluntad del mago, de transformar la realidad; a la actuación del alma individual sobre el cuerpo no la consideramos mágica, sí en cambio la actuación del hombre sobre las cosas; pues bien, esta es la vocación del hombre —concretamente del poeta—: imponer la idea, el espíritu sobre la materia, convertir lo involuntario y azaroso en voluntario y planeado, espiritualizar el cosmos».

NOVALIS

Resulta difícil conciliar las tradiciones ancestrales acerca de los espíritus y la actual visión moderna basada en el raciocinio intelectual. Son dos visiones prácticamente opuestas, por lo que se nos hace complicada su reconciliación. Podríamos relatar miles de casos de experiencias fantasmales o paranormales, que abundan por doquier, pero que no encajan con la objetividad que pretende nuestra razón. La razón quiere evidencias, pruebas demostrables, empíricas, que nos saquen de nuestras dudas, pero no hay modo de entrar empíricamente en un mundo psíquico intangible que rompe con las leyes físicas. El único modo de reconciliar ambos mundos, el de los vivos y el de los muertos, de un modo objetivo es adentrándonos en nuestra realidad psíquica y en nuestro mundo onírico, donde tanto los vivos como los difuntos compartimos un mismo espacio.

Entre las experiencias más comunes sobre los difuntos están las que vivimos en nuestros sueños. Allí nos encontramos con familiares y gente que ya falleció. Estas experiencias suelen ser impactantes y abren nuestra alma, buscando respuestas sobre lo acaecido. Cuando un ser querido fallece se nos remueve todo, siendo inevitable el padecer con mayor o menor intensidad una crisis donde examinamos aquello que nos quedó pendiente por zanjar con él.

Los chamanes tratan estas cuestiones, intentando resolver los conflictos que se quedaron pendientes. Suelen ser conflictos de carácter emocional, donde la dependencia generada por la persona fallecida merma emocionalmente nuestra seguridad, capacidad de decidir, el encontrar nuestro sitio tras la pérdida de nuestro padre, madre, hermano, hijo, etc., por lo que necesitamos un tiempo de adaptación, a la vez que vamos restaurando nuestra nueva situación. De algún modo los chamanes ejercen como terapeutas en estas lides; por ejemplo, para que el hijo asuma su nueva condición de líder familiar, para que la esposa encuentre su nuevo rumbo, etc. Es por ello que diferentes culturas animistas recurren a los espíritus de sus antepasados para encontrar respuestas, consuelo y ánimo a sus problemas, confiando en sus ancestros, a quienes ven como espíritus sabios que les pueden indicar hacia dónde ir o cómo encaminarse ante sus dificultades. Esta tarea orientativa la ejercen hoy en día los psicólogos, aunque su perspectiva descarte la conexión entre los difuntos y sus familiares. Vemos con ello la dificultad de reconciliar la tradición milenaria y el nuevo enfoque dado por nuestro actual estado de conciencia racional.

En nuestro libro *Conciencia integral* comentamos los cinco estados de conciencia que la humanidad ha ido creando desde su amanecer: la conciencia arcaica, la mágica, la mítica, la racional y la integral, siendo este último estado un estado en ciernes, a la espera de despertarse en nosotros. Sobre estos cinco estados de conciencia podemos documentarnos e informarnos con los estudios de Jean Gebser y su magnífico libro *Origen y presente,* y también con la monumental obra de Ken Wilder y su *Psicología integral.* Todos los estados son inmanentes en nosotros, es decir, que la conciencia mágica pervive, aunque solapada por nuestro actual estado racional. Tal estado mágico subsiste en nuestro estado onírico y seguirá perviviendo, pues todos los sustratos o niveles de conciencia que hemos forjado se mantienen en nuestra estructura psicológica. Afrontar nuestra condición psicológica desde sus orígenes hasta el presente requiere de una conciencia integral, que reconozca todos nuestros estados precedentes y sus valores inmanentes.

La magia es semejante al *tantra* o ciencia de la transformación, donde nuestra forma de ver y transformar las cosas concierne a nuestra propia anatomía psíquica; conocer nuestra alma y sus profundidades nos conecta con el mundo de los espíritus, de nuestros ancestros y de la propia mente universal donde se asientan todos nuestros arquetipos primarios.

La esperanza sólida que nos resuelva nuestras carencias ante el misterio de la muerte vendrá en gran parte cuando reconciliemos en nuestra conciencia íntima toda nuestra naturaleza anímica, en la medida en que vayamos descubriendo los fondos de nuestra alma, sin dejar un rincón por explorar.

Cuando los lamas tibetanos empezaron a venir a Occidente se quedaron sorprendidos de cómo vivían tanto los familiares como los difuntos el hecho de la muerte. El lama Sogyal Rimpoché, que fue secretario del Dalai Lama, al ver el desamparo que sufrían tanto los difuntos como los familiares publicó su libro[1] sobre el *Bardo Thödol* con un lenguaje entendible y accesible para los occidentales, sin entrar en cuestiones técnicas y profundas sobre estas enseñanzas. Lo cierto es que la cultura occidental ha dejado de lado todo el conocimiento al respecto, siendo una de nuestras grandes carencias, por lo que es necesaria una actualización que nos brinde respuestas y soluciones.

> *«¡Ay, qué larga es esta vida!*
> *¡Qué duros estos destierros,*
> *esta cárcel, estos hierros*
> *en que el alma está metida!*
> *Solo esperar la salida*
> *me causa dolor tan fiero,*
> *que muero porque no muero».*

San Juan de la Cruz

---

1   *El libro tibetano de la vida y de la muerte*, Urano, 2015.

2. EL UMBRAL DE LA MUERTE

Existen diferentes tipos de muerte: por enfermedad, por vejez o por accidente. Cada una de ellas tiene sus propias condiciones.

Muerte por accidente

La muerte más traumática para el difunto es la muerte por accidente, ya que es una muerte inesperada, lo que le desconcierta. La confusión del fallecido por accidente también dependerá de la naturaleza de este, ya sea que aquel se ahogue en el agua, muera en accidente de coche, accidente laboral, un incendio, etc. En este tipo de muertes son importantes los instantes previos al fatal desenlace. Una cuestión verificable al respecto la encontramos en aquellas personas que han vivido una ECM tras un accidente. Las personas que han vivido tan tremendo susto relatan cómo el tiempo se frena con el impacto súbito en el que se ven envueltas; pareciera que los segundos se alargasen al recibir lo que supone un enorme golpe sobre sus conciencias. Otro evento que se relata en estas experiencias es que ven cómo su existencia se reproduce rápidamente, como si la película de su vida se proyectara en cuestión de un instante. Ambas experiencias, la lentitud del tiempo, así como la retrospección de sus vidas, hacen que el difunto tome conciencia de su nueva situación. Estas vivencias en el umbral de la muerte nos dicen que está entrando en el «tiempo sin tiempo», lo que pone a la conciencia en un estado intemporal, es decir, que aunque hay cierta percepción de que el tiempo transcurre, este tiempo del difunto ya no se mide bajo el tiempo cronométrico al que estamos habituados con el paso del reloj. Si el difunto accidentado tiene conocimientos previos sobre estos puntos, puede aprovechar el impacto recibido en la conciencia para enfrentar su nueva condición. Entre los muchos relatos de estas ECM cito el que tuvo un compañero de trabajo. Este viajaba con su mujer e hija cuando sufrió un accidente con su coche. Tras él se vio a sí mismo suspendido en el aire, convirtiéndose en observador de la escena del accidente y preocupándose de inmediato por su mujer y su hija. Al ver que estaban fuera de peligro se percató mejor de su situación de suspensión en el espacio, en el que estaba flotando. Me comentaba que se sentía muy a gusto, liviano, y pensó que si eso era la muerte. Aunque la sensación era agradable, en instantes volvió a su cuerpo. Me sorprendió su reacción al preguntarle si no se había interesado por investigar mejor ese hecho, a lo que respondió que no, que le bastó tener aquella experiencia, sin preocuparse más por el asunto.

Podemos recopilar miles de ECM por accidente y ver cómo en los instantes previos al mismo es recurrente el hecho citado de la experiencia atemporal, así como la retrospectiva casi instantánea de sus vidas. Ya *a posteriori,* si el accidentado fallece, los derroteros de su nueva condición pueden variar mucho, dependiendo de la conciencia previamente adquirida al respecto. Estas almas son las que mayor necesidad de orientación requieren en el Más Allá, puesto que su inesperada muerte las sorprende y confunde, y no pueden percibir su nuevo estado. Podemos recordar la película *Ghost* y otras tantas que relatan esta fenomenología *post mortem.* Lo normal para las personas sin conocimientos previos al respecto es repetir sus hábitos, es decir, seguir su rutina como si aún anduvieran vivas. Los difuntos accidentados son pues quizás los que mayor asistencia requieren dada su confusión ante su defunción inesperada. La variedad de situaciones del difunto es múltiple: puede llegar a percibir la luz clara, aunque en este caso suele ser menos habitual, debido al *shock* inesperado, donde ni el cuerpo ni la mente estaban preparados para enfrentar el hecho de desencarnar.

Muerte por enfermedad

La muerte por enfermedad también tiene un amplio registro de resultados, dependiendo de qué enfermedad se trate y de cómo afecte esta al moribundo. En el caso de muerte por enfermedad, hay que tener en cuenta dos cosas principalmente: primero, la preparación previa del difunto y de los familiares; y segundo, el estado de lucidez que el difunto tenga en el momento final, si está narcotizado o no, es decir, si su lucidez o atención está menguada ya sea por su enfermedad o por medicamentos. Lo ideal es que el moribundo se encuentre en un ambiente tranquilo y sereno, donde se le pueda asistir adecuadamente por los familiares, que deberán mantener ese ambiente de serenidad y tranquilidad. La ayuda que se le puede brindar al moribundo o difunto dependerá de su preparación previa y disposición ante su examen final, de si es creyente, ateo, etc. Cada caso se debe abordar según el propio difunto.

En el caso de infartos, que también se incluyen en las muertes por enfermedad, debemos tener en cuenta lo repentino del hecho y si hubo avisos previos de infarto. De los numerosos casos de ECM muchos se dieron en casos de infartos de personas que, al ser reanimadas, pudieron relatar su experiencia.

Muerte natural

«En el instante de la muerte, el alma alcanza los mismos misterios que los grandes iniciados».

Plutarco

La muerte llamada natural o por vejez cada día es menos frecuente; en estos tiempos es más habitual acompañar nuestra vejez con alguna enfermedad que termine colapsando las funciones de nuestro organismo corporal, por lo que a la condición del anciano hay que añadirle su deficiente salud.

La muerte natural, aunque cada vez más extraña resulta interesante, porque en ella vemos los pasos propios y naturales de la defunción. La muerte natural se debe a la culminación de la energía vital que sostiene nuestro cuerpo. La falta de energía vital afectará a los órganos más debilitados, produciéndose el colapso orgánico. Digamos que es la muerte más saludable, donde podemos ver el proceso inherente al fallecimiento.

Los cinco elementos vitales de la vida

La muerte natural y sus síntomas previos fue indagada por la tradición oriental, que junto con la medicina ayurvédica, la acupuntura y demás conocimientos existentes sobre la naturaleza vital o energética del cuerpo, como son el *tai-chi*, el *qi-gonj*, los *pranayamas*, el yoga, los *chacras*, el *kundalini-yoga*, el *tantra*, etc., observan desde hace milenios cómo el fluido vital recorre nuestro cuerpo, identificando fuentes de salud que los occidentales apenas ahora estamos descubriendo gracias a la globalización cultural.

Nuestros primeros médicos occidentales desde los antiguos griegos hasta la llegada de la Edad moderna, como Asclepios, Empédocles, Galeno, Paracelso, Miguel Servet, etc., sí tuvieron en cuenta la naturaleza vital de los cinco elementos de la naturaleza: la tierra, el agua, el fuego, el aire y el éter (campo electromagnético), como quinto elemento vital sostenedor de los demás elementos naturales. Sus conocimientos médicos siempre iban acompañados por los de la astrología, donde se desenvuelven los cinco elementos de la naturaleza.

Las enseñanzas tradicionales sobre la muerte natural nos dicen que el moribundo primero pierde la fuerza vital del elemento tierra, después viene la disolución del elemento agua; le sigue la pérdida del elemento fuego y a continuación del elemento aire. Finalmente, el difunto pierde su elemento éter o vital definitivamente.

El moribundo siente recorrer por su columna vertebral la desvitalización de sus elementos chacra por chacra, siendo la audición, relacionada con el chacra laríngeo (*vishuddha)*, el último sentido corporal en perderse. El difunto se refugia en el chacra *ajna* (entrecejo), que concede la clarividencia o visión interior, para finalmente llegar al chacra *sahasrara*, donde encontrará la luz clara.

Este proceso se explica con detalle en la pagina 211, «Una guía sobre el «bardo doloroso de la muerte».

La tanatología moderna debería tener en cuenta todas estas enseñanzas venidas de Oriente y que nuestros antiguos médicos también tenían presentes respecto a los elementos vitales, pues ciertamente existe una relación psicofísica visible en el proceso del difunto en relación a sus chacras y elementos vitales. De ese modo, podemos asistir al moribundo recordándole qué le está sucediendo y cómo debe afrontar su nueva condición en el bardo-tránsito hacia el Más Allá. Lo peor que le puede suceder al difunto es la desorientación, la confusión en su nuevo estado. Dicen las enseñanzas del *Libro tibetano de los muertos* que el difunto aumenta su psiquismo de siete a nueve veces, debido a que se desprende de sus sentidos físicos, y, alcanzando el chacra *ajna* del entrecejo, su clarividencia o visión interior aumenta considerablemente. Dependiendo de su entrenamiento o preparación podrá salir mejor o peor parado en su tránsito *post mortem*.

Más allá del umbral de la muerte

> *«La Muerte es la corona de todos. El sendero de la Vida está formado con las huellas de los cascos del caballo de la Muerte».*

> Samael Aún Weor

¿Qué les sucede a los familiares y seres queridos del fallecido? ¿En qué situación quedan ante la muerte de su ser querido? Ante el fatal desenlace lo normal es que se produzcan desconsuelo, confusión, ignorancia. Si eso es así, entonces lo mismo le puede suceder al difunto si no se ha preparado para la experiencia desconocida a la que se enfrentará. De ahí la urgencia de retomar en la cultura occidental la sabiduría de los misterios de la muerte, que lamentablemente hemos descuidado, empobreciendo nuestra propia visión integral de lo que es la vida con sus ciclos de nacimiento y muerte.

La investigación moderna debe abordar esta situación desde una visión integral, es decir, tanto para los creyentes como para los ateos, tanto para la lógica racional como para los diferentes estados de conciencia que hemos formado y permanecen en nuestra estructura psicológica, pues los instintos, los hábitos, la fuerza vital y las emociones forman parte de nuestra capacidad cognitiva. No podemos afrontar los misterios de la muerte y la vida desde una perspectiva meramente racional, eludiendo nuestra naturaleza anímica con sus elementos naturales, ya que los chacras mencionados tienen vínculos con nuestra estructura psicológica. Así, el chacra *muladhara* (coxis) está vinculado a nuestros instintos; el *swadhisthana* (órganos sexuales) a nuestra energía vital y fuerza sexual; el *manipura* (plexo solar) a nuestras emociones y deseos; en el *anahata* (corazón) se encuentra el nexo entre lo corporal, lo psicológico y lo anímico; el *vishuddha* (garganta) se relaciona con nuestra lógica racional o verbal, pues por medio de la palabra transmitimos nuestras ideas y pensamientos; mientras que el *ajna* (entrecejo) y el *sahasrara* (encima de la cabeza), ambos íntimamente vinculados, se relacionan con nuestros estados de conciencia. Nos llevaría largo tiempo detallar lo que la ciencia oriental y sus tradiciones han inquirido sobre la cuestión psicofísica. Lo cierto es que debemos volver a indagar e investigar los misterios que envuelven al alma o psiquis, ya que el difunto experimentará su nuevo estado desde su conformación o anatomía psíquica.

Mientras en vida estudiamos e indagamos el proceso de la muerte, necesitamos recuperar la máxima claridad y atención de nuestra mente. Lo que nos sirve en el vivir diario nos servirá en nuestro estado *post mortem*. La práctica del *mindfulness* nos puede iniciar en la práctica de la atención plena, pero eso solo es el comienzo, ya que en la medida en que exploremos nuestra mente con la atención irá surgiendo en nosotros la lucidez de una conciencia clara y diáfana capaz de mediar entre lo finito y lo permanente, entre lo temporal y lo atemporal, entre el cuerpo físico y nuestra psiquis.

Cuando finaliza el bardo-tránsito de la muerte con la disolución de los cinco elementos vitales, el difunto alcanza la luz ubicada en el chacra *sahasrara*. Descartes planteó en su teoría sobre cuerpo y alma que el asiento del alma se situaba en la glándula pineal, que se encuentra en íntima relación con este chacra. Basó sus investigaciones en las de san Agustín y la escuela neumática (espiritual) de Alejandría (Amonio Sacas, Plotino, Orígenes, etc.). Actualmente existen investigaciones neurologías sobre los estados alterados de conciencia y su relación con la glándula pineal. También encontramos que tanto en Oriente como en Occidente la luz de la conciencia se representa con el simbólico aro de luz que cubre las cabezas de los iluminados y los místicos.

Lo que el difunto identifica como luz, se describe en las enseñanzas de Padmasambhava, autor del *Bardo Thödol,* como el encuentro con la Madre Clara luz y su hijo. Dicha luz no es más que nuestra conciencia auto-luminosa, nuestra propia conciencia original, primordial e incontaminada. En el momento de la defunción, al desprendernos del cuerpo, la conciencia experimenta por sí misma su plenitud original. En el budismo relacionan tal luz con la naturaleza propia del Buda, y de ahí el que en sus enseñanzas insistan en que todos poseemos esa naturaleza del Buda o iluminación. La atención plena nos debe llevar al reconocimiento de nuestra conciencia en su estado puro y original. Este sería el entrenamiento necesario para resolver nuestras incógnitas respecto a la muerte, mientras seguimos investigando y estudiando.

Sostenerse en la luz

«La conciencia primordial es auto-luminosa por naturaleza; la opacidad o sombras de la conciencia se deben a la confusión de nuestro pequeño yo que parcela su propia visión cerrándose en sí mismo, mientras la conciencia siempre se muestra abierta a pesar de las incertidumbres y dudas».

Enseñan los expertos en la materia que la permanencia en la luz original depende de la capacidad adquirida en vida en el reconocimiento de la naturaleza esencial de la conciencia o atención plena. Por ello, los maestros de la contemplación y los practicantes del *tantra*-alquimia son los que pueden sostenerse mayor tiempo en la luz propia, mientras que las personas carentes de práctica alguna permanecen en la luz dura, según los expertos, lo que dura un chasquido de dedos o una digestión (un par de horas).

Dice la tradición, tanto oriental como occidental, que el velatorio al difunto debe ser de tres días, período que se vincula con un estado de desmayo. También el *Bardo Thödol* se pronuncia sobre esta cuestión, difícil de comprender. Tanto la cuestión del desmayo como del tiempo deben ser objeto de reflexión y comprensión.

La confusión que vive el difunto en su EPM es la misma que tiene en su vida cotidiana: mientras que los que carecen de experiencia en reconocer la luz pierden fácilmente la atención y la claridad, los practicantes experimentados pueden mantenerse mayor tiempo en su estado de luz primordial. La referencia al desmayo alude al propio desconcierto del difunto ante su nueva experiencia. Es como un estado de limbo confuso mientras reconoce su nueva situación. Los maestros o expertos en la práctica, lejos de caer en la confusión o desmayo, experimentan vivamente su propia luz o conciencia primordial.

La medida del tiempo o la referencia a los tres días de velación es interpretable, ya que lo que sucede realmente es que entramos en un espacio atemporal, sin medida, el «tiempo del no tiempo». Más que fijarnos en nuestra tozuda fijación temporal, lo importante es la actitud del estado de «vela», es decir, nuestro estado de atención plena. Si no existe «vela», velación, el desmayo o la confusión es lo habitual.

Tanto por parte del difunto como por parte de los que lo acompañan en el velatorio, la práctica recomendada es mantenerse en ese estado de «vela», esto es, mantener la atención lúcida. Si los acompañantes del velorio mantienen su Clara luz asistirán adecuadamente al difunto, mientras que si existe confusión, pena, sufrimiento, todo ello afectará también al difunto, puesto que nuestra psiquis contrae lazos con nuestros seres queridos.

Más allá del umbral de la muerte el cronómetro deja de tener efecto y la medida del tiempo se disuelve ya que los efectos de la materia corporal también son disueltos. El *Bardo Thödol* nos habla de un periodo de 49 días entre el desencarnar y la nueva concepción de una próxima encarnación. También este tiempo es interpretable, pues en nuestra dimensión psíquica, mientras pasamos por el llamado «bardo-tránsito del devenir», nuestra alma vive en un estado intemporal, lo que quiere decir que en cierto modo se percibe el paso lento o rápido del tiempo pero sin ajustarse a lo cronométrico, como sucede en el mundo físico-corporal. La realidad es que el tiempo siempre es relativo y la sensación de tiempo radica en nuestros estados emocionales, que transmiten la sensación de lentitud o rapidez de los hechos que vivimos. Básicamente en la interpretación temporal del *Bardo Thödol* y debemos invertir o cambiar la medida del tiempo de la conciencia presente a que a menos días más conciencia, y a más días más confusión, más complicación en nuestro tránsito intemporal por el bardo del devenir.

«Una hora sentada con una chica guapa en un banco del parque pasa como un minuto, pero un minuto sentado sobre una estufa caliente parece una hora».

Albert Einsten

La vivencia del bardo de la muerte termina con el encuentro con la luz, que es nuestra conciencia esencial pura y diamantina, pues esta es indestructible, ya que la conciencia original es no-nacida, es decir, atemporal. Tal vivencia la sitúan los maestros del budismo tántrico en el *darmakaya* o cuerpo de la verdad, un estado de conciencia inmaculado, incontaminado, donde lo eterno o no nacido nos aporta la experiencia de lo que permanece.

Este punto es sumamente importante comprenderlo, pues gran parte de nuestra confusión o limbo es debida a nuestro apego a las cosas perecederas. En la medida en que nuestro entrenamiento en la meditación contemplativa se establezca, podremos percibir al «contemplador u observador», que es nuestra propia luz o conciencia, que siempre permanece en el presente, un presente atento y en estado de alerta o de «vela». Mantener ese estado de «vela» o contemplación permite trascender los movimientos y tiempos que transcurren hacia delante y atrás, es decir, trasciende el ayer y el mañana.

La insistencia de los maestros de la meditación en vivir el presente, el aquí y ahora, sin los condicionamientos del pasado y del futuro, nos lleva a tomar conciencia clara de que solo en el estado de conciencia presente podemos incluir lo eterno. Lo eterno no es un momento fijo o agarrotado en el reloj; lo eterno es propiamente un estado de contemplación ininterrumpido, donde la atención sigue vigilante más allá de todos los vaivenes y aconteceres de la vida. Mantener por tanto la atención plena y lúcida en cada momento es lo que nos conectará con lo no-nacido, con la presencia inmutable de la conciencia prístina.

En la medida en que mediante el ejercicio de la contemplación nos situemos en el presente, lo eterno se nos presentará con mayor claridad. Este es el secreto para salir del aturdimiento o limbo confuso entre lo temporal y lo que permanece. Quien en vida aprende a contemplar tanto su actividad física como psíquica, situando la conciencia en el presente, obtendrá mayor lucidez tanto en el bardo-tránsito del sueño como en el bardo de la muerte y del devenir.

La idea o concepto de que lo eterno es la prolongación del tiempo hasta el infinito, o la idea de que lo eterno es la paralización del tiempo, es errónea. Primero porque todo lo temporal tiene su fin, su caducidad, y lo segundo, porque paralizar el tiempo para siempre, aunque sea disfrutando al ver una preciosa flor, se volvería una tortura angustiosa, se convertiría en una prisión.

La contemplación nos permite, como hemos dicho, observar al mismo contemplador, es decir, a nuestra propia conciencia. Cuando descubrimos la naturaleza esencial de la conciencia y nos sostenemos en ella siempre percibiremos la realidad desde el presente. Desde la contemplación comprenderemos que el pasado lo vemos desde un presente e igualmente el mañana lo veremos desde el presente. En realidad siempre estamos situados en el presente; poner luz a este hecho nos da comprensión sobre lo eterno, que igualmente se sitúa en el presente.

3. LA RUEDA DEL SAMSARA

Imagen de la pared sagrada de *samsara* en un monasterio en Katmandú. Fuente: Shutterstock.

*«Si eres incapaz de encontrar la verdad justo donde estás,
¿dónde esperas encontrarla?».*

ZEN

Dice el *Libro tibetano de los muertos* que aquel que ya despertó en su luz clara en vida y se establece en ella no tiene necesidad de ser asesorado en el trance de la muerte, mientras los que aún carecen del reconocimiento de la luz clara o conciencia, o aún no se han establecido en ella, requieren de la lectura del libro, señalando que su simple lectura o recordatorio debería bastar para liberar su conciencia del ciclo de existencias del *samsara*. Pero obviamente tal recordatorio solo es viable para quienes ya están familiarizados con dicha enseñanza; este es el principal obstáculo para los occidentales, que desconocen las enseñanzas del *Libro tibetano de los muertos*.

Como estamos indicando, la base principal de estas misteriosas enseñanzas es reconocer nuestra propia luz o conciencia. La conciencia es inmanente y trascendente, es decir, participa de la percepción de la realidad a la vez que la trasciende. La conciencia puede situarse en lo observado a la vez que se sitúa en el observador. Pongamos que nos concentramos en una bella flor; en tal concentración quien observa atentamente percibirá que la flor observada participa en sintonía con quien la observa. Se produce una resonancia que conecta mutuamente al observador y lo observado. La experiencia de este hecho disuelve la dualidad sujeto-objeto u observador y observado.

«Despertarse consiste en darse cuenta de que el sujeto y el objeto forman parte de la misma experiencia indivisa. A esto se le llama 'conciencia unificada' o 'mente única'».

Maestro Zen Dokusho Villalba

Mediante la práctica contemplativa y su plena atención nos beneficiamos de modo natural y simple de la conciencia que percibe por su condición de inmanente, a la vez que trasciende lo percibido, pues la conciencia esencial carece de apegos y deseos, conociendo la temporalidad del mundo de las formas. La trascendencia es dada al reconocer que todo lo que es percibido física y psíquicamente es relativo, temporal y cambiante.

El beneficio de la luz clara es la capacidad de contemplar de modo inmutable tanto nuestra existencia física como nuestra anatomía oculta o psiquis, lo que nos concede la maravillosa oportunidad de descubrir cómo y de qué modo la ley del eterno retorno o ciclo de reencarnaciones opera en nosotros, descubriendo el misterio de la «rueda del *samsara*» o rueda de nacimientos y muertes. Los grandes maestros o expertos en el tema en el Tíbet son llamados *tulkus*; ellos tienen su particular capacidad de manejar dicha ley del eterno retorno y de elegir su próxima reencarnación.

En Occidente se han desarrollado creencias un tanto fantásticas sobre la reencarnación, como las que plantearon los teósofos que, influidos por la teoría de la evolución darwinista, proponían que nuestras sucesivas reencarnaciones siempre iban en dirección ascendente, olvidando que a toda ley le corresponde su contrario: si existe evolución, también existe involución.

Las enseñanzas de la rueda del *samsara* son precisas, y en ellas vemos como se manifiestan tanto la evolución como la involución. Son seis los reinos indicados en ellas: el mundo de los dioses, el de los semidioses, el de los humanos, el de los animales, el de los *pretas* (seres hambrientos que vagan por el limbo) y el de los *narakas* (seres demoníacos). La rueda del *samsara* gira incesantemente bajo la dinámica del tiempo; incluso los propios dioses pueden retroceder en su evolución. De hecho, sus enseñanzas nos hablan de que hay que liberarse o trascender el propio mundo de los dioses para ser liberados de la mecánica del *samsara*, cuestión que resulta sorprendente para los occidentales. Plantean incluso que hay que liberarse del *nirvana* (estado de dicha y felicidad) que tanto cuesta alcanzar, evitando así que nuestra conciencia quede condicionada por el apego al placer y la satisfacción, que también están sometidos a lo temporal y su finitud, ya que el *nirvana* pertenece a una condición psicológica. Este planteamiento de liberarse del propio mundo de los dioses y del *nirvana* se fundamenta en una profunda indagación sobre la mente y toda su fenomenología; por eso la cuestión es descubrir el nóumeno o causa de todo fenómeno.

«El creador de la ilusión y la liberación en el samsara y el nirvana es nuestra mente. La mente tiene el carácter innato de la vacuidad; rebasa su principio, final y duración. Sostén la realidad sin fabricación de este carácter innato, con atención plena y sin distracción. El significado definitivo de la Visión, la Meditación y la Conducta se incluye aquí completamente».

Dilgo Khyentse Rimpoché

La práctica de la atención plena que nos lleva hacia los estados contemplativos nos permite ver nuestra existencia como una película, donde los vaivenes del éxito y el fracaso, la alegría y la tristeza, la satisfacción y la insatisfacción son observados desde nuestra conciencia siempre presente en el presente, dándonos una visión clara de la temporalidad de los vaivenes de la vida.

Es probable que las enseñanzas sobre el *samsara* sobrepasen a los que no están familiarizadas con ellas y por ello nos puede impactar el asunto de las reencarnaciones o *tulkus*, como ocurre con el Dalai Lama actual, que es la catorceava reencarnación como Dalai Lama, igual que otros grandes lamas. Aquí en España tuvimos el caso del lama Osel, reencarnación del lama Yeshe. Podemos leer el libro de Vicki Mackenzie, *Maestros de la reencarnación: quiénes son, cómo fueron identificados, cómo transcurren sus vidas, cuál es su misión*, que nos da una idea sobre el tema, curioso para la mente occidental.

Nuestra mente occidental y racional quiere entender todos estos misterios de una forma detallada y en cuanto algo se escapa a la razón nos desilusionamos o mostramos nuestro lado escéptico. Sin embargo, estas enseñanzas gozan de una tradición donde el uso del razonamiento es tan válido como la experiencia de la meditación. Con la práctica de la ciencia meditativa ellos se convierten en expertos exploradores de la mente y la conciencia, y es así como comprenden las propias limitaciones del uso de la razón a la vez que reconocen la ilimitada capacidad de la mente, sin subestimar la lógica racional ni la lógica intuitiva.

La lógica intuitiva

La lógica intuitiva no tiene que ver con creencias, hipótesis, especulaciones, etc. Decía Schopenhauer que «la intuición no es una opinión, es la cosa misma», es decir la propia «talidad», las cosas «tal cual son», mientras que la lógica racional y su capacidad cognitiva se ciñen a lo que percibimos con nuestros sentidos físicos acotando sus límites a lo empíricamente demostrable, dejando de lado la mente en su naturaleza abstracta. La lógica intuitiva sin embargo integra tanto lo material como lo abstracto.

La lógica intuitiva empieza en el chacra del corazón, el chacra *anahata,* que conecta lo material o corporal, que situamos en los chacras inferiores al corazón, con los chacras superiores, donde reside la naturaleza abstracta de nuestro psiquismo. Lo tangible y lo intangible no pueden separarse; los cuatro elementos tierra, agua, fuego y el aire, situado en el chacra del corazón, son conectados por el propio corazón al éter y a los *tatwas* o vibraciones del chacra *ajna* (clarividencia) y el chacra *sahasrara* (polividencia o intuición).

Es recomendable la lectura del libro *Budismo moderno,* de Gueshe Kelsang Gyatso, quien nos ofrece una enseñanza básica y accesible como introducción al *tantra* o budismo vajrayana, describiendo la anatomía oculta de nuestro organismo psicofísico. Con estos conocimientos podemos unir lo tangible con lo intangible, lo concreto con lo abstracto.

La intuición surge con la práctica contemplativa, aportando la capacidad tanto de ver lo tangible como lo intangible en su realidad «tal cual es». En la contemplación no podemos negar la naturaleza física y tampoco podemos negar la naturaleza abstracta o intangible. La paz, la libertad, la compasión, etc., y todos aquellos valores buenos o malos que inundan nuestra alma no son visibles ni tangibles, como tampoco es visible nuestra mente. Nuestra mente no tiene medida, ni peso, ni puede cuantificarse, ni cosificarse; la propia naturaleza de la mente es abstracta. El propio uso de la lógica racional nos lleva a aceptar la existencia de una realidad abstracta o no material, debiendo aceptar su limitación cognitiva ante la naturaleza abstracta, es decir, aceptar a su vez aquello que no se puede medir, pesar, ni cuantificar.

Cuando aceptamos la limitación cognitiva de la lógica racional podemos acceder a la lógica intuitiva, cuya capacidad cognitiva es abierta e integral, reconociendo que tanto la mente racional y su lógica, como la mente en su naturaleza abstracta, son una y única mente.

La una y única mente

«No investigues la raíz de las cosas,
investiga la raíz de la mente.
Una vez que hayas encontrado la raíz de la mente,
conocerás una sola cosa y, no obstante,
serás capaz de liberarlo todo.
Pero, si no logras encontrar la raíz de la mente,
podrás conocerlo todo, pero no conocerás nada».

PADMASAMBHAVA

La luz clara es la expresión amplia y diáfana de nuestra mente en su naturaleza uni-total. La mente invisible e intangible lo contiene todo de modo integral; la conciencia es el resultado de una mente iluminada. Nuestra propia mente formula y gesta nuestras creencias, nuestra forma de ver la vida y nuestra mente da para todo, tanto para formular creencias y dogmas religiosos como para crear escepticismo o ateísmo. En nuestra mente creamos nuestras propias limitaciones y condicionamientos según sean nuestras convicciones. Por tanto, en nuestra propia mente es donde abrimos y cerramos opciones, perspectivas y todas las diferentes visiones que nuestra humanidad puede dar de sí.

Reconocer la luz clara requiere el reconocimiento de la naturaleza absoluta de la mente y en tal reconocimiento florece la conciencia y la auto-conciencia de uno mismo. Nuestra mente cotidiana se cierra en sus hábitos, creencias, dogmas, deseos, emociones, conceptos, etc. Todo aquello con lo que nos sentimos identificados lo asumimos como identidad de nuestro «yo». Así, decimos «yo pienso así», «yo siento esto y aquello», «yo creo en estas ideas»; el yo siempre se identifica con el «mi», mis ideas, mi casa, mi trabajo, mi familia, etc. La mente ordinaria es la que consolida la identidad de nuestro «yo», y en ese yo encontramos nuestra propia parcela. Pero ahí es donde se encuentran nuestros límites; y, aunque sea una parcela agradable y que nos encante, no deja de ser una parcela limitada como todo lo parcial. Cuando la mente ordinaria con su «yo» regresa al estado original e incontaminado de la mente pura es incapaz de reconocerla y el difunto queda confundido ante la expresión diáfana y totalmente abierta de la mente esencial. Aunque en su EPM el difunto se encuentra con la luz clara, la disposición de su mente ordinaria y de su «yo» es incapaz de reconocer la naturaleza esencial de la mente que se le presenta y mucho menos puede mantenerse o establecerse en ella, incapaz de reconocer su propia esencia. De ahí la importancia de la meditación, la contemplación y la auto-conciencia.

Aprender a contemplarnos a nosotros mismos de un modo totalmente abierto sin condicionamientos previos nos irá mostrando nuestra naturaleza esencial, la luz clara. Pongamos el ejemplo de un pajarito encerrado de por vida en una jaula. Aunque su naturaleza no se limita a los barrotes de la jaula, para el pájaro no existe otra realidad, pues nunca ha salido de su jaula; ni siquiera se le puede ocurrir que haya otro mundo o realidad más allá de lo que ve desde su jaula. Si a la pobre ave le abrimos la jaula y empieza a asomarse, su propio impulso natural la irá llevando a observar y experimentar aquello que hay fuera de su jaula, aunque en principio sienta temor de aquello que estaba fuera de sus límites. En la medida en que sus alas se vayan acostumbrando al vuelo que su naturaleza esencial le proporcionó, su impulso natural la llevará a volar libremente sin las barreras de lo que fue su jaula. Así, de algún modo nuestra mente ordinaria habita en su propia jaula, dentro de los barrotes de sus propios condicionamientos y limitaciones. El difunto, aunque sea por breves momentos, es liberado de su jaula.

Al difunto se le muestra su verdadero estado natural e incondicional; y lo mismo que le pudiera suceder al pajarito, puede vivir la experiencia de la luz clara con una mezcla de alegría y temor, alegría por reencontrarse con su espacio natural, y temor por confiar más en su jaula que en su espacio natural.

La meditación contemplativa nos va liberando de nuestra jaula y de nuestros condicionamientos.

4. EL DIFUNTO Y SU REALIDAD

Lo que nos enseña el *Bardo Thödol* sobre lo que sucede después de que el difunto pasa por la vivencia de la luz clara no es fácil de explicar a quien desconoce sus símbolos, lenguaje y enseñanzas. Primero, recordemos que aquellos que en vida adquirieron la experiencia de la luz clara y se establecieron en su luz, es decir que despertaron conciencia reconociendo la naturaleza plena y esencial de la mente, se liberan de la ley mecánica de la rueda de *samsara* y pueden reencarnarse a voluntad; son los llamados *tulkus* del Tíbet. Segundo, si el difunto después de experimentar con mayor o menor conciencia la luz clara o su estado original no consigue liberarse pasará a experimentar el «bardo de la verdad en sí». Este bardo o tránsito requiere una explicación minuciosa, pero antes aclaremos lo que diferentes círculos del espiritismo, la teosofía y el esoterismo occidental nos dicen al respecto, para no crear confusiones.

Sin entrar en detalles farragosos, y tal y como se ha adelantado, la idea general que se nos muestra en Occidente es que el difunto pasa por un estado de desmayo. Tal desmayo se puede interpretar como un estado de inconsciencia, aunque la realidad del desmayo o estado de inconsciencia resulta ser la experiencia frente a la luz clara, que no es reconocida como estado original o su propia luz clara. Comentaremos con más detalle este hecho cuando relacionemos el yoga del sueño con el *Bardo Thödol*, siendo el desmayo algo o semejante a lo que nos sucede en el trance del dormir y entramos en la fase del «sueño profundo» o «sueño sin sueños», ya que en el sueño profundo tanto la actividad física como la psíquica cesan, dejando a la mente en estado de profunda relajación.

Y tanto en el sueño profundo como en la experiencia de la luz clara, la inactividad física y psíquica dejan a la conciencia totalmente libre, de modo que dicho estado solo se puede reconocer mediante la plena auto-conciencia, porque en esos momentos la conciencia puede experimentarse a sí misma sin las distracciones de la actividad psíquica o física.

Nos dice también la tradición occidental que durante tres días el difunto recapitula su existencia. Aquí se mezclan los tres días de desmayo con los tres días de recapitulación de la existencia. Pero, como ya hemos mencionado, la experiencia en el Más Allá es intemporal, no cronométrica. El supuesto desmayo o falta de reconocimiento de la luz clara puede percibirse como un simple instante o chasquido de dedos, y en el caso de los maestros de la contemplación o la auto-conciencia, su percepción de la luz clara será dilatada y por ello se ponen como referencia los tres días. Las personas que no reconocen La luz clara pasan casi de inmediato a la reactivación de su psiquismo, dando paso al «bardo de la verdad en sí». Este paso muestra la realidad psíquica del difunto y coincide con la recapitulación de la existencia citada por la tradición occidental.

Efectivamente, tal recapitulación se produce primero de un modo rápido o casi instantáneo, como en el caso de los accidentados citados y en la proximidad de una ECM. Después viene una recapitulación más pausada donde el difunto recorre los episodios más significativos de su vida. Este periodo o tránsito es sumamente importante. Aquí la tradición occidental ofrece diferentes versiones que se encaminan hacia un «juicio final», que van desde un juicio con la ley divina a un juicio conducido por los agentes del *karma*, en el que se dictamina el devenir del difunto, para bien o para mal, barajándose principalmente tres opciones: unas vacaciones celestiales, el regreso a una nueva existencia o la bajada a los infiernos.

Mi experiencia personal sobre la tradición occidental pasando por la teosofía, los rosacruces, y superficialmente por el espiritismo, es oscura, demasiado especulativa, vaga e imprecisa, con diversidad de mezclas y tradiciones recogidas de aquí y allá. En cambio, el estudio, investigación y la práctica sobre el *Bardo Thödol* es mucho más esclarecedora.

La recapitulación que realiza el difunto al pasar por el «bardo de la verdad en sí» es un auto-examen, un auto-juicio, que las versiones de la tradición occidental plantean como un juicio que otros realizan por nosotros, ya sean dioses, agentes de la ley divina o el *karma*, pero la realidad es que somos nosotros mismos los que nos examinamos. ¿Quién mejor que nosotros mismos para enjuiciarnos y comprender nuestra realidad?

¿Y cómo se produce tal examen o juicio? Ni siquiera nosotros podemos evaluarnos adecuadamente si durante nuestra existencia no hemos desarrollado la capacidad de reflexión y discernimiento sobre nosotros mismos. Al enjuiciarnos en vida es usual justificar o condenar nuestros actos, pensamientos y emociones, basándonos en nuestro pequeño «yo» o parcela particular. Pero he aquí que la naturaleza es sabia, y más sabia cuanto más original es; la liberación de la conciencia en el instante de la muerte y el encuentro con la luz clara nos ofrecen la oportunidad de vernos tal cual somos, sin condicionamientos previos o preestablecidos.

Por tanto, en la medida en que nuestro encuentro con la luz clara sea más profundo y diáfano, más lúcida y comprensiva será nuestra evaluación.

Es obvio que aquel que en vida despertó su luz clara o conciencia original ya se ha visto «tal cual es», ya conoce su realidad, ya se contempló a sí mismo de pies a cabeza. Por tanto, su liberación está asegurada. Mientras los que aún tenemos asignaturas pendientes tendremos que afrontar la evaluación de nuestro examen final. Pocos obtienen un sobresaliente, algunos logran un notable o un bien; la mayoría aspiramos a un suficiente, y lamentablemente muchos suspenden por falta de auto-conciencia.

En la retrospección, el difunto, con la conciencia liberada por el impacto natural de la muerte, recorre los episodios más importantes de su vida, tanto los buenos y satisfactorios como las peores circunstancias vividas. Según el grado de conciencia o activación de la luz clara su juicio proporcionará una suma y resta de los valores que su «pequeño yo» ha generado en vida. El resultado de esta cuenta se añadirá a su alma, aumentando o disminuyendo su valía. Es decir, que nuestra propia conciencia evalúa el trabajo que hemos hecho con nosotros mismos. Este auto-juicio íntimo puede resultar impactante para el difunto, siendo una cuestión que solo le concierne a él.

El «bardo de la verdad en sí»

Tras el supuesto desmayo semejante al sueño profundo se inicia de nuevo la actividad psíquica o del alma. Esta reactivación es como un viaje de regreso hacia los elementos básicos del aire, el fuego, el agua y la tierra, pasando primero por el éter o campo electromagnético. Estos elementos son representados en el *Bardo Thödol* por los cinco *dhyani* budas.

A cada *dhyani* buda le corresponde un elemento y un reino del *samsara*. *Dhyani* significa meditación, así que nos están invitando a meditar sobre la esencia de cada elemento, su naturaleza y vibración (*tattva*) antes de que se materialicen. La idea de la liberación del *samsara* es comprender el funcionamiento de la rueda de nacimientos y muertes, que es mecánico por la falta de conciencia y conocimiento de las leyes que lo regulan.

Del chacra *sahasrara,* donde la luz clara tiene su máxima expresión, descendemos de regreso al chacra *ajna* del entrecejo, pasando de *mahatattwa,* la gran vibración con su polividencia e intuición, al *tattva,* o vibración de la clarividencia. En tal estado los elementos naturales se encuentran entremezclados y en su aspecto esencial solo son vibración. En ese momento se le indica al difunto que observe sus tendencias o *karma*, pues serán su sintonía y sus tendencias los que le harán identificarse con los colores, luces y sonidos de los *tattvas* o vibraciones.

En el *Bardo Thödol,* la primera advertencia al difunto se realiza con el *dhyani* buda *Vairochana*. Dice así:

«Acompañando a esta luz, verás un tenue resplandor del mundo de los dioses, blancuzco y opaco. A causa de tu mal karma, pretenderás en ese momento huir de la luz azul clara, resplandeciente, que es la sabiduría de la esfera de todo objeto de conocimiento. Sentirás miedo y angustia. Por el contrario, la tenue luz del mundo de los dioses te atraerá de modo agradable...

En ese momento no tienes que temer a la luz azul claro brillante y transparente; es la luz de la suprema sabiduría. ¡No temas nada!».

Vairochana rige el reino de la densa concentración y morada de los dioses, pero aún así se nos advierte de no caer o descender del estado primordial de la luz clara.

Siguen las advertencias respecto al resto de *dhyani* budas, apelando a que no se abandone la luz clara. Se resumen en este cuadro:

Nombre del buda:	Vairocana	Aksobhya	Ratnasam-bhava	Amitabha	Amoghasi-ddhi
Color:	Blanco	Azul	Amarillo	Rojo	Verde
Emoción perturbadora que transmite:	Ignorancia	Ira-odio	Orgullo	Deseo-apego	Envidia
Supremo conocimiento:	Esfera de todo objeto de conoci-miento	Sabiduría semejante al espejo	Ecuanimi-dad	Discrimi-nación	Realización espontánea de los actos
Emblema:	Rueda	*Vajra*	Joya	Loto	Doble *Vajra*
Los cinco agregados:	Conciencia	Forma	Sensación	Concep-ción	Impulsos
Estados del ser de los que libera:	Dioses	Estados infernales	Humanos	Espíritus ávidos	Titanes o semidioses

La primera fase del descenso hacia los reinos del *samsara* se presenta con el lado positivo de las divinidades o *dhyani* budas, descenso que continúa si el difunto no consigue liberarse de sus tendencias o *karma* hacia las divinidades iracundas, o lado negativo de los propios *dhyani* budas.

A quien no esté familiarizado con todo este simbolismo que presenta el *Bardo Thödol* le puede resultar complejo el entendimiento y lectura de estas enseñanzas. En la tradición cristiana existe algo semejante al mandala de los *dhyani* budas; este es el Cristo Pantocrátor («Todopoderoso» en griego), que emerge en el arte románico y bizantino.

El Cristo «todopoderoso» va acompañado siempre de los cuatro evangelistas: Juan, representado por un águila, símbolo del aire; Marcos, por un león, que representa el fuego; Mateo como un ángel, símbolo del agua; y Lucas, simbolizado por un toro en representación del elemento tierra. Tanto Cristo, como los cuatro evangelistas, en esta iconografía suelen ser representados con sus respectivos Evangelios, apelando a la sabiduría y la meditación.

Existe una correspondencia entre Cristo y los evangelistas con los *dhyani* budas que es: Cristo-*vairochana*; Juan-*amoghasiddhi*; Marcos-*amitabha*; Mateo-*vajrasattva* o *akshobhya*; Lucas-*ratnasambhava*.

Con esta comparación damos a entender que la naturaleza, con sus cinco elementos, es la base donde se fundamenta nuestro psiquismo, cuestión que siempre tuvieron en cuenta nuestros antepasados y que ha quedado reflejada en la astrología desde tiempos inmemorables en todas las culturas antiguas.

El estudio, el detalle y la investigación de esta temática requiere tiempo, trabajo y comprensión. Las fuentes tradicionales más amplias y profundas vienen dadas por el *tantra* oriental o la alquimia occidental, donde se descubre minuciosamente toda nuestra anatomía oculta.

El miedo

Dice el *Bardo Thödol*:

«El muerto quedará confundido por su miedo, su angustia y su espanto. Le resultará entonces cada vez más difícil reconocer la verdad, pues el espíritu no es dueño de sí. Le invade el vértigo y se desvanece. Pero si alcanza, aunque sea poco, la visión penetrante, obtiene fácilmente la liberación. ¿Y cómo? Porque el espíritu ocupado por el miedo y la angustia no conoce ninguna distracción, tan concentrado está en su temor».

Por un lado, el *Libro tibetano de los muertos* nos alienta a no tener miedo, y por otro propone aprovechar el miedo para centrarse o concentrarse y lograr la «visión penetrante». A los practicantes del *tantra* o alquimia, esta cuestión o lenguaje les es asequible, ya que en el *tantra* insisten sobre la cuestión de transformar los estados negativos en positivos: el miedo en sabiduría, el odio en amor, la pereza en diligencia, etc. A los aspectos negativos les llaman «veneno» y el trabajo alquímico o de transformación es encontrar su antídoto. Se trata de una especie de homeopatía psicológica, donde el veneno se utiliza para combatir los efectos de nuestros estados negativos.

Sigue el texto citado arriba:

«Si en esta situación no encuentra uno estas enseñanzas, resultará inútil todo un océano de conocimientos teóricos. Los sacerdotes que siguen la regla, los monjes y los metafísicos, que quedarán entonces confundidos al no reconocer la verdad, deberán errar nuevamente por el ciclo de las existencias. La mayoría de los individuos ordinarios buscan la forma de escapar a este miedo y a esa angustia. Se precipitan en los abismos sin fondo de los estados de existencia inferiores en los que deberán sufrir.

Mas el yogui que ha puesto en práctica la enseñanza tántrica, aunque sea un ser inferior, sabrá, desde el momento en que vea las legiones celestes de los bebedores de sangre (las divinidades en su aspecto negativo), como si reconociese a unos amigos, que se trata de las divinidades de consagración, y tendrá toda confianza en ellos. Se unificará con ellos y se convertirá en Buda».

El *tantra* o alquimia es la ciencia de la transformación. Los alquimistas occidentales, en su tradición y lenguaje, decían: «Hay que transformar el plomo (lo negativo) en oro (lo positivo)».

El difunto puede ciertamente experimentar gran temor ante lo desconocido, ante un psiquismo que no visualizó con claridad en vida. Las apariencias y formas que aparecerán ante él le resultarán extrañas y el propio miedo oscurecerá su claridad, aumentando su confusión. Sus valores positivos y negativos se entremezclarán y sus propias proyecciones le llevarán a configurar sus aspectos negativos como seres horribles que le atacan, como suele suceder en nuestras peores pesadillas.

Dicen e insisten estas enseñanzas en que el difunto debe reconocer todas las manifestaciones (sobre todo las negativas) como proyecciones propias que surgen de su mente:

«Oh, noble hijo, reconoce que todos los fenómenos que constatas, todas las impresiones espantosas, son tus propias proyecciones. Reconoce que la clara luz es tu propio conocimiento, tu propia irradiación. Si, de esta forma, obtienes la visión penetrante, sin la menor duda, inmediatamente, te convertirás en Buda».

Nuestra tarea en vida es comprender la naturaleza de la mente en toda su dimensión y profundidad, que es reconocer que proyectamos nuestra propia forma de concebir el mundo tanto en sus aspectos positivos como negativos.

El miedo siempre surge ante lo desconocido. Así el miedo surge por ignorancia, por desconocer lo que son nuestras pesadillas, nuestras emociones descontroladas; e igual que cuando la oscuridad nos causa temor por no poder ver qué hay a nuestro alrededor, el remedio es prender la luz en vez de huir o escondernos.

El «bardo del devenir»

A todos nos preocupa el futuro, qué será de nosotros, y cuando llega el momento de morir, esa preocupación se intensifica. Por un lado perdemos todo lo que se suponía que era nuestro, trabajo, familia, propiedades quedándonos en la nada, sin nada, como si un terremoto hubiera hundido nuestro negocio, casa, etc. y tuviéramos que empezar de nuevo rehaciendo nuestra vida. Toda enseñanza espiritual nos aconseja el desapego o desasimiento, tal como plantea Buda en sus cuatro nobles verdades, donde enseña que la principal causa de nuestro *karma* es el apego o deseo.

El *karma* es lo único que no nos abandona después de morir; el *karma* son nuestras tendencias acumuladas, aquellas que reconocemos y aquellas que no reconocemos o se mantienen latentes. El «bardo del devenir» en el que se nos instruye en el *Bardo Thödol* está en directa relación con nuestro *karma* o tendencias de nuestro pequeño «yo». Nos referimos al pequeño «yo», ya que aquello con lo que nos identificamos es la realidad que pretendemos sostener o mantener, aunque la realidad del pequeño «yo» es limitada. Es nuestra pequeña parcela particular, donde almacenamos o depositamos nuestras reliquias existenciales, a pesar de que sabemos que toda reliquia es temporal. Este depósito en el budismo se le denomina *alaya*. En este almacén guardamos nuestro *karma* y con ello los deseos, apegos, tendencias, etc. Descubrir o reconocer este *karma* es fundamental para despertar nuestra conciencia, para abrirnos más allá de nuestra pequeña parcela y descubrir la realidad del mundo, de la existencia en su plenitud o totalidad.

Cuando el difunto pasa por el «bardo de la verdad en sí», ve todo un mundo de luces, colores y sonidos que el *Libro de los muertos* describe como los *dhyani* budas, primero en su versión positiva y luego en su lado negativo, y que no son vistos de igual modo por los occidentales, que no están familiarizados con estas enseñanzas. En el caso de los occidentales, las visiones que surgen se vinculan a nuestra cultura. En diversos relatos de EPM comentan que vieron a sus familiares y seres queridos o personajes a los que veneramos. Detrás de estas figuras o a personajes se encuentran nuestros valores asumidos, la madre y su bondad, el padre y su rectitud, el maestro que nos inspiró, etc. Más allá de las formas, figuras, personajes, se encuentran los valores adquiridos. Primero percibiremos los valores positivos y las personas o figuras que en vida representaron tales valores. Primero vemos lo positivo, pues esto es más afín a la pureza diáfana de la luz clara, pero, como nos advierte el *Bardo Thödol,* si nos identificamos o apegamos a tales proyecciones, nuestro propio deseo o *karma* nos alejará de la luz clara, con riesgo inminente de caer y descender hacia niveles inferiores. Entonces empezarán a surgir figuras y personajes con valores negativos y desagradables, representados en el bardo budista por el terrible buda Heruka, los bebedores de sangre y otras divinidades negativas. Entonces sucumbiremos al miedo, alejándonos de la luz y refugiándonos en nuestra oscuridad, que es nuestra parcela, nuestra jaula, nuestras limitaciones, el *alaya* o almacén del *karma,* y así, al buscar refugio en la oscuridad, sin darnos cuenta entraremos en la matriz de nuestra futura madre.

Para la mayoría de los occidentales el tema de la reencarnación nos viene de nuevas, y aquellos que han aceptado su filosofía o planteamiento tienen su ilusión y esperanza puestas en sobrevivir a la muerte mediante sucesivas reencarnaciones. Es por este motivo, por esta ilusión ante posibles reencarnaciones, que se nos hace difícil entender el planteamiento del *Bardo Thödol* tibetano, donde se nos aconseja precisamente el liberarnos de la rueda del *samsara* o rueda de nacimientos y muertes.

Estos breves textos hacen referencia al «bardo del devenir»:

«Noble hijo, aunque no quieras ir ahí, te sentirás empujado a pesar de todo por las furias; es decir, por tus malos actos. Como desmayado, sin querer ir, te verás obligado. Tirado por delante por furias y verdugos, te creerás perseguido por detrás por las tinieblas, por furiosas tormentas, gritos de guerra, tormentas de nieve y de granizo y borrascas de viento. Querrás huir a causa de tu angustia y te refugiarás y ocultarás, como ya se ha dicho, en palacios, grietas de las rocas, grutas, en lo más hondo de los bosques o en la flor de loto que se cierra sobre ti. Te dará miedo salir de tu escondite y pensarás: 'No puedo irme de aquí'. Y a causa de tu temor a salir, te aficionarás a ese escondite y te dará miedo hacer frente al exterior a todos los espantos del bardo.

Y oculto en el interior, allí donde nada te amenaza, tomarás un mal nacimiento que te encadenará a numerosos sufrimientos. Es señal de que los diablos y los demonios impiden tu liberación de esos malos nacimientos».

Recordemos que todo aquello que visualizamos en el bardo son proyecciones propias de nuestro pequeño «yo». Y sigue diciendo el texto:

«Pero al elegir así tal puerta de la matriz, subsiste el peligro de equivocarse, ya que por efecto de tu karma puedes confundir la puerta de una matriz pura, tomándola por una matriz impura, y viceversa. Puesto que subsiste el peligro de un error, un buen consejo adquiere gran importancia en ese momento. ¡Actúa, pues, de la siguiente manera! En cuanto se te aparezca una puerta de matriz pura, no sientas ninguna atracción, y en cuanto veas una puerta impura, no sientas ninguna aversión. Sin apoderarte de lo bueno y sin

rechazar lo malo, tienes que permanecer en la gran ecuanimidad desprovista de afectos y aversiones. Es la profunda instrucción clave».

El no sentir ninguna atracción o aversión significa no identificarse con los valores negativos o positivos de nuestro *karma* y que nuestro ego proyecta.

«Oh, noble hijo, no te distraigas; concentra todo tu espíritu. Si hasta ahora no has conseguido cerrar la puerta de la matriz y te encuentras a punto de pasar por ella, gracias a esa enseñanza, ciérrala. Piensa que en verdad nada tiene realidad, que todo es ilusorio. Medita de esta manera: 'Ay de mí, padre y madre, agua diluviana, ráfagas, rugido y todas las posibilidades de manifestación no son, por su naturaleza, más que una ilusión. De cualquier forma que aparezcan, son irreales. Todo está desprovisto de verdad, es engañoso como un espejismo. Todo es impermanente, inconstante. ¿De qué sirve apegarse a las cosas? ¿De qué sirve temerlas? ¡Sería considerar a lo que no tiene existencia como si la tuviera! Todo no es más que proyección de mi propio espíritu. Y el espíritu en sí mismo no es más que una ilusión'».

Estos textos merecen una profunda reflexión. Nos invitan a comprender de modo profundo y amplio nuestra realidad, comprender nuestras tendencias y *karma*, reconociendo que nuestra propia visión o visiones son proyecciones o ilusiones que están aferradas a nuestro ego.

Continúa el texto advirtiéndonos sobre nuestra tendencia mecánica a seguir nuestros deseos y *karma*, incluyendo la proyección de nuestra propia fecundación, donde visualizamos la cópula de nuestros próximos progenitores:

«Noble hijo, en ese momento se te aparecerán visiones de hombre y mujer uniéndose. ¡Al verlos, no te inmiscuyas entre ambos! Recuerda por el contrario la enseñanza y medita sobre el hecho de que esa pareja es tu lama y su paredro. Venéralos y hazles ofrendas».

Y sigue el texto:

«Como se ha dicho, verás unirse a un hombre y una mujer. En ese momento, a causa de tu aversión, entrarás en la matriz y te convertirás en caballo, en ave, en perro o en ser humano, o en algo parecido. Si tienes que convertirte en hombre, te ves a ti mismo aparecer como varón y experimentas un sentimiento de odio hacia tu padre y una atracción celosa hacia tu madre. Pero si has de convertirte en mujer, te ves como hembra y experimentas un sentimiento de celos odiosos hacia tu madre y un sentimiento de atracción y de codicia hacia tu padre. En esas condiciones es como entras en la matriz, y en el mismo instante en que se encuentran el óvulo y la simiente, sientes una alegría innata y en esa dicha te desvaneces. El cuerpo, primero sustancia líquida, luego sustancia sólida, crece; luego, cuando abandonas la matriz y abres los ojos, ves que eres un perrillo con existencia propia».

Como vemos, el texto insiste en evitar una nueva existencia, impidiendo así que nuestro *karma* siga dominando nuestras sucesivas reencarnaciones. Por ello, comprender todo lo que tenemos acumulado en nuestra psiquis es de suma importancia. Como vemos, Padmasambhava, autor del *Bardo Thödol,* ya presentaba lo que en su momento Sigmund Freud planteó como una de las bases de su teoría psicoanalítica: el complejo de Edipo y de Electra con la aversión o atracción hacia nuestro padre y madre. En definitiva, todo se resume en una suma y resta de valores que consciente o inconscientemente impregnan nuestra alma o psiquis. A mayor conciencia y reconocimiento de dichos valores, mayor claridad obtendremos en nuestro devenir o destino, siendo lo ideal zanjar nuestro *karma*.

La lección de la vida

Son muchas las asignaturas o valores que rondan por nuestra existencia. Como sucede en nuestros estudios, si no aprobamos las asignaturas tenemos que repetir curso. Esto mismo sucede con la rueda del *samsara*; por ello se suele decir que a este mundo venimos a cumplir una misión, una función o a aprender determinadas lecciones o asignaturas. Eso es cierto, y seguiremos en este ciclo recurrente de existencias mientras nos queden asignaturas pendientes. Es por ello que planteamos la muerte como un examen final donde todo se pone en juego para trazar nuestro siguiente devenir.

Es hora de entender cuál es nuestro nivel de estudios e investigación respecto a la vida, sus nacimientos y muertes, y cuáles son nuestros propósitos, esperanzas y objetivos. Con mente inquisitiva debemos ver aquello que pretendemos, ya que según sean nuestras pretensiones podremos afrontar, cada uno en su nivel, nuestro próximo devenir.

Los expertos nos dicen que los últimos años de nuestra vida, la vejez, son la antesala preparatoria para nuestra siguiente oportunidad existencial. Esto es muy importante para los occidentales, pues no son pocos los que piensan que la vejez es una época poco o nada útil y muchos ancianos se ven lamentablemente desplazados. Sin embargo puede llegar a ser la época más propicia para adquirir y fijar los valores que nos permitirán preparar una próxima existencia más adecuada a nuestros intereses. Pensemos que después de todas las idas y venidas, éxitos y fracasos de nuestra existencia, la vejez nos permite tener un tiempo de reflexión y revalorización de todos los embates por los que hemos tenido que pasar.

Los últimos años de nuestra vida son por tanto importantes, siendo aún más relevantes los últimos meses, y aún más nuestros últimos días, y son de vital importancia el día y los últimos momentos antes de experimentar el bardo de la muerte, pues es en el estado de conciencia, el estado mental y emocional de los últimos tiempos de nuestro existir donde agruparemos los valores que determinen la siguiente existencia.

A veces se escucha decir que los difuntos allá en el otro mundo eligen su siguiente vida, como si se tratara de una barra libre donde cada cual puede pedir lo que desee. Esta idea es un tanto fantástica y poco realista. Los que eso dicen creen que el fallecido es completamente liberado y de ahí su capacidad de libre elección. Si eso fuera así, o hay mucho tonto o pocas plazas libres para elegir una bella y hermosa existencia que nos agrade.

Tenemos que observar y verificar nuestros estados de conciencia en vida pues lo que no hagamos y obtengamos en vida respecto a la conciencia tampoco lo obtendremos de modo milagroso en el Más Allá. No debemos confundir la cuestión de que nuestro psiquismo aumenta al liberarse del cuerpo, ni suponer que la luz clara nos liberará sin más de todos los valores que hayamos adquirido, tanto si son buenos como si son malos. Si en vida no reconocimos la naturaleza plena de la mente y la luz clara o conciencia mediante el ejercicio de la propia auto-conciencia, difícilmente podremos reconocer muertos la naturaleza de nuestra mente o luz clara.

Dijo el Buda que si queríamos conocer nuestro pasado miráramos nuestro presente, y que si queríamos ver nuestro futuro observáramos nuestro presente. Es en nuestro presente donde encontraremos los valores que accionan nuestro *karma* y no podremos huir de él; ese presente permanece en el Más Allá y de un modo más firme, pues la naturaleza psíquica libre del cuerpo físico es intemporal, percibiendo el paso del tiempo según nuestros propios estados emocionales. Por tanto, el presente del Más Allá se enfrenta directamente a los valores y condicionamientos de nuestro pequeño «yo». En el Más Allá, el pasado y el futuro se hermanan en el presente armando nuestro próximo devenir.

El karma y el devenir

El *karma* es la ley de acción y consecuencia; a toda acción le sigue una reacción con sus resultados o consecuencias. Esta ley es universal, ecuánime y equitativa para todos los seres. La ley del *karma* no funciona en base a reglas morales, religiosas o sociales. El *karma* es simple: para toda acción encontramos una reacción, así de sencillo. Ahora bien ¿qué nos movió a realizar tal o cual acción? La reacción del *karma* es independiente del motivo por el cual actuamos. Lo cierto es que la acción tuvo una consecuencia, y eso es lo que produce el *karma*. Entonces ¿qué influencia tienen nuestros motivos en el *karma*? Nuestros motivos o intenciones son los que repetimos recurrentemente en base a nuestros hábitos, donde contenemos nuestras emociones, pensamientos y nuestra visión sobre la realidad del mundo o la vida. Estos hábitos almacenados en nuestro ego contienen los valores, positivos y negativos, que vienen a impulsar nuestras acciones; he ahí el vínculo entre nosotros y el *karma*.

Pongamos como ejemplo la Revolución francesa que derrotó a la monarquía absolutista. Allí hubo enfrentamientos, batallas, muertes, etc. Algunos actuaron por idealismo, otros por pura necesidad, otros por miedo, etc. Es decir, los motivos podían ser diferentes, más o menos legítimos según las leyes humanas de aquella época, pero el resultado final fue un avance social y político del que aún hoy nos beneficiamos. Ahora bien, a nivel personal, el *karma* de cada persona que participó en aquella revolución se moverá por un lado junto al colectivo, y por otro lado según los valores recurrentes del ego personal.

No existen divinidades que nos valoren y enjuicien a cada uno de nosotros, puesto que los mismos dioses, dice la tradición, están sometidos a la ley del *karma*, que es universal. Tampoco existe una moral, ni convicciones sociales, ni reglas religiosas que estén sometiendo al *karma*. Lo que aquí y ahora planteamos es cada vez más asumido por nuestra cultura contemporánea, que desde la Era moderna ha ido dando preferencia a la libertad individual sobre el sometimiento colectivo. Lo que sí sucede y seguirá sucediendo es que siendo esta ley equitativa o ecuánime, pues rige a todos por igual, las consecuencias de lo colectivo y familiar tendrán igual o mayor peso que nuestro *karma* particular. Si comprendemos tal equidad del *karma* nos percataremos de que nuestra conciencia y valores personales no pueden zafarse de lo colectivo, pues la propia naturaleza de la conciencia primordial no hace diferenciación entre lo individual y lo colectivo, ni diferencia lo personal de lo plural. El que lo colectivo tenga el mismo peso o valor que lo personal respecto al *karma* nos va llevando a considerar que nuestros problemas personales no tienen más valor que los problemas colectivos. De ahí la insistente voz de los maestros de que nos volquemos en la compasión, procurando que nuestros valores personales se unifiquen a favor de nuestros semejantes. Es por ello que cuando se despierta conciencia, la compasión toma todo el sentido en nuestras vidas.

El *karma* nos da lecciones hasta que conseguimos la maestría en el arte de saber vivir, siendo nuestro principal tutor la propia muerte. Si no tenemos en consideración la sabiduría de la muerte, caminaremos con los ojos vendados sin acertar en qué dirección nos encaminamos. Por ello es importante la reflexión, la continua revalorización de nosotros mismos, aprendiendo a vernos tal cual somos sin el ropaje o confinamiento de nuestro pequeño «yo» y sus limitadas perspectivas sometidas a parcialidad.

La conciencia, en su naturaleza primordial, es una continua apertura, donde la perspectiva surge de una aperspectiva en que la conciencia no se somete a ningún aspecto preestablecido. Por ejemplo: para lo que para algunos es un acto pecaminoso o inmoral, para otros es beneficioso; lo que es bueno para unos es malo para otros. Es por ello que en el arte de saber vivir, la conciencia se abre en la aperspectiva, por lo que sus juicios y valoraciones no parten de previas reglas o normas morales, religiosas, sociales, etc. ¿Entonces, cuál es la medida de la conciencia primordial? He aquí la suprema lección del *karma*: la ¡compasión ecuánime!

Mientras tengamos conflicto entre nuestro *karma* personal y el colectivo seguirá habiendo asignaturas pendientes y valores que tendremos que revalorizar por el bien común, donde lo personal y lo colectivo deberán fundirse.

«Es la atención la que permite que el silencio dé con la mente, lo cual abre la puerta a la creación. Por eso la atención es de extrema importancia».

Krishnamurti

5. EL ARTE DE SABER VIVIR

Cuando nos planteamos el encuentro inevitable con la muerte, tenemos que ver en qué nivel y disposición nos encontramos, pues como cualquier práctica o trabajo que realizamos en nuestra existencia es necesario equilibrar conocimiento, práctica y experiencia. El simple hecho de creer en el Más Allá o en la reencarnación solo representa una inquietud o una ilusión. La cultura occidental ha permanecido largo tiempo sin una metodología práctica para enfrentarse a la muerte. Nos hemos conformado con aceptar o no la posibilidad de que exista vida después de la muerte, y aunque existe mucha gente que está convencida de tal vida después de morir, lo cierto es que carecemos de método, práctica y experiencia.

Si partimos de lo más básico, es decir, de la simple creencia, tal como plantea el cristianismo, no podremos avanzar sobre esta verdad ignorada. En la cultura cristiana la creencia y el dogma sobre el Más Allá carecen de un método experimental. Es por ello que la mente inquieta de los buscadores de tal verdad ha indagado en otras fuentes y tradiciones. La diferencia entre el cristianismo y las otras corrientes espirituales como la teosofía, el espiritismo o la *New Age*, por citar algunas, básicamente es que en estas hay una mayor aceptación sobre los misterios ocultos que esconde el Más Allá, además de la reencarnación, aunque todas ellas siguen careciendo de una metodología práctica o experimental sobre el tema, incluyendo el esoterismo, que es la que aborda este tema con mayor profundidad. Puedo testificar sobre ello, ya que en el año 1980 ingresé en estas órdenes esotéricas y conozco bien todas sus enseñanzas y rituales. En el libro de Robert Macoy *Los ritos funerarios de la masonería* podemos ver que sus ritos funerales básicamente aluden a lo efímera y temporal que es nuestra existencia, careciendo de instrucciones o prácticas que auxilien al difunto, por lo que la diferencia entre los ritos esotéricos y los del cristianismo no es apreciable, salvo en cuanto se refiere a su lenguaje y simbolismo.

La validez de las órdenes esotéricas son sus prácticas para desarrollar el psiquismo, lo que nos daría una base inicial y preparatoria para afrontar la realidad del bardo o tránsito de la muerte. Y sobre la corriente *New Age* podemos encontrar un poco de todo (como en los supermercados), pero su defecto es la falta de una profundidad y tradición que valide sus métodos.

Sé que muchos occidentales están ávidos por encontrar certezas sobre la vida después de la muerte, y que sus esperanzas al respecto es lo único que poseen. Quitarles la esperanza no sería acertado, pues todos nos iniciamos en esta búsqueda con ilusión esperanzadora. Jesucristo en sus parábolas hacía referencia a la fe y a que, aunque fuera tan pequeña como el grano de la mostaza, con ella podríamos llegar a mover montañas. Pero la fe no se sostiene con ilusiones sino sobre experiencias propias, aunque hagamos una recopilación de información y datos sobre las EPM o las ECM y tengamos una biblioteca sobre el tema y con ello logremos cierta convicción.

La práctica oriental

Los occidentales, en los dos siglos pasados hemos recurrido a las enseñanzas orientales en busca de la sabiduría perdida. Pues, lamentablemente, el secretismo de las tradiciones herméticas o esotéricas fue causa tanto de su conservación como de su destrucción, por la escasa o mínima accesibilidad a sus enseñanzas. En la actualidad podríamos contar con los dedos de la mano los pocos y auténticos esoteristas que quedan. Ello llevó a los propios dirigentes de las órdenes esotéricas a nutrirse de las enseñanzas orientales, como hizo la fundadora de la teosofía, H.P. Blavatsky, y otros tantos.

Con la llegada de maestros del yoga como Yogananda, Vivekananda, Aurobindo, Sivananda y otros, y la de maestros zen a Occidente, y con los propios occidentales que buscaron en las fuentes del saber oriental, el conocimiento de Occidente y Oriente ha confluido en estos días. Aunque las tradiciones y la mentalidad de Oriente y Occidente aún marcan sus diferencias, hoy podemos gozar de esa confluencia y sacar buen partido de ella.

La cultura y las enseñanzas más enigmáticas que nos han llegado de Oriente han sido las del viejo y misterioso Tíbet, que permaneció prácticamente aislado hasta la invasión China (1950). Con ello llegaron a Occidente, popularizándose su *Libro tibetano de los muertos* o *Bardo Thödol* del que hablamos en este tratado. Las enseñanzas del Tíbet se fundamentan en el budismo *vajrayana* (donde encontramos las enseñanzas del *tantra*) y su religión, o chamanismo Bön tradicional. Hoy en día ya podemos encontrar abundante literatura al respecto e indagar, o, como han hecho algunos occidentales, afiliarnos a sus escuelas o doctrinas.

Debemos partir de nuestras opciones, posibilidades y capacidades al enfrentar el estudio y la práctica para nuestro examen final. Desde lo básico o elemental hasta la experiencia de los grandes maestros o *tulkus* existe un largo recorrido. Para algunos, el simple hecho de mantener sus esperanzas vivas en esta sociedad actual tan escéptica y materialista ya constituye un éxito que vale la pena sostener, pero incluso los escépticos, ateos o no creyentes, deberían afrontar su examen final desde su propia perspectiva, ya que la muerte a todos nos incumbe, y en la sabiduría de la muerte hallaremos el arte del buen saber vivir.

El arte del saber vivir

Uno de los más grandes maestros de la humanidad fue J. Krishnamurti, siendo uno de sus libros más recomendables *El arte de vivir*. J. Krishnamurti fue educado desde su infancia bajo la tutela de la sociedad teosófica. Los líderes de la teosofía lo presentaban como el nuevo avatar o gran mensajero para la humanidad, pero siendo mayor de edad se rebeló a cumplir dicho papel, se negó a tener seguidores y desde entonces fue libre para transmitir su singular enseñanza. J.K. nunca quiso representar a ninguna institución, ni seguir ninguna tradición religiosa, ni que se siguiera a los maestros o gurús; siempre apuntaba a que cada cual indagara sobre sí mismo libremente. Sus enseñanzas partían de una aperspectiva con una lucidez propia de una conciencia plena y despierta, y sintonizan con la individualidad o singularidad que prevalece en la sociedad actual. Sin embargo, los propios maestros o gurús que se entrevistaban con J.K. le decían que sus enseñanzas no podían ser aplicadas por los neófitos o aprendices, que requerían de una metodología y una guía en los estudios espirituales. Cada uno de nosotros debemos encontrar un punto de partida en el arte de saber vivir y con ello prepararnos para enfrentar el examen final.

La aperspectiva es un estado natural de la conciencia despierta. El budismo zen denomina a esta aperspectiva «mente de principiante» (ver el libro *Mente de principiante,* del autor Shunryu Suzuki), señalando que los principiantes tienen a su favor el que no tienen la mente condicionada por enseñanzas, doctrinas, creencias, etc. lo que les da una mayor libertad en sus prácticas iniciales. En mi experiencia con alumnos y con todos mis guías así lo he podido verificar; resulta sorprendente cómo llegan los neófitos a tener experiencias destacadas, hecho que les anima a seguir. Las experiencias iniciales son debidas precisamente a esa aperspectiva o mente aún sin condicionar.

Una vez recibimos una determinada doctrina religiosa, filosófica o de cualquier índole, quedamos sujetos y condicionados por ella, siendo habitual que al principiante se le indique que todo logro requiere de esfuerzos extraordinarios y grandes sacrificios. Cuando él asume que eso es así, se siente abrumado por el largo camino que se le presenta por delante y en cierto modo invalida sus propias experiencias pensando que son elementales y que la gran iluminación es muchísimo más elevada. Esto no es así, puesto que una vez se ha recorrido el camino, uno se reencuentra con la aperspectiva o mente de principiante. Lo que sí resulta difícil es mantener ese estado de conciencia lúcida, sin condicionamientos, por lo que la práctica debe ser constante. Yerran y se equivocan los principiantes que tras algunas experiencias más o menos intensas creen haber logrado la liberación o iluminación, pues no hay que confundir las experiencias con la estabilidad o continuidad de la conciencia lúcida.

Entre la confusión y la certificación

A todos nos gustaría que nos quitaran la confusión y nos certificaran una y mil veces cuál es la verdad. Es por ello que la psicología del «yo» se agrupa en logias, instituciones, iglesias, comunidades, etc. con el propósito de reforzar constantemente sus creencias y doctrinas, repitiendo miles y miles de veces sus propios argumentos, mantras, ritos, etc. Sin embargo, estas prácticas a la larga solo produce embotamiento, o peor, a un dogmatismo inquebrantable, sin que por ello asome esa verdad certificada.

Frente a la afiliación grupal y sus patrones siempre tendremos nuestra individualidad, que es la que tendrá que verificar la verdad por sí misma. Entonces, como individuos tenemos que afrontar nuestro propio nivel de comprensión y experiencia respecto a la verdad que nos queda por descubrir.

La aperspectiva resulta todo lo contrario a la confusión; de hecho, la aperspectiva que nos confiere la conciencia primordial e incondicional es el resultado de observar plenamente nuestra mente aturdida y confusa. Resulta que cuando queremos certificar o corroborar tal o cual creencia, opinión, etc. nos encontramos con que tal certificación no pasa de su propio ámbito de creencias, opiniones y dogmas. Es como dar vueltas en círculo dentro de nuestra jaula, por lo que buscando aquello que certifique nuestras creencias u opiniones quedamos atrapados en un círculo vicioso que se convierte en un laberinto de perdición. Como viene a explicar el *tulku* Chögyam Trungpa Rinpoché en su libro *Loca sabiduría*, cuando las preguntas y las respuestas cesan es cuando adviene la sabiduría de la luz clara, y entonces el silencio se vuelve «elocuencia de la sabiduría».

Como vamos indicando, lo esencial en nuestro despertar no es una respuesta racional, donde nos perderemos en un laberinto de preguntas y respuestas interminables, y de ahí la necesidad de una lógica intuitiva que incluya a la lógica racional y la trascienda mediante el uso de las facultades de nuestra conciencia, que pasan por una plena atención o concentración que abra lúcidamente la imaginación o clarividencia, que nos facilite ir viendo las cosas «tal como son», siguiendo la inspiración de una conciencia abierta a la verdad, que es lo desconocido de momento en momento, finalizando en una intuición preclara que asuma la infinitud de una conciencia siempre abierta a lo nuevo.

El principio y el final, el nacimiento y la muerte solo pueden esclarecerse desde la presencia de la luz clara que encontraremos en nuestro examen final.

La práctica del arte de vivir es descubrir en vida la naturaleza primordial de la conciencia.

Prácticas preliminares

Toda práctica se inicia mediante la atención o concentración. Una de las recomendaciones populares entre los budistas es la recitación del mantra «Om Mani Padme Hum». Este mantra se recomienda recitarlo en las horas finales de nuestro existir y apela a la unión (*hum*) de la sabiduría (*padme*) y la compasión (*mani*). En la medida en que integremos sabiduría y compasión nos dispondremos al encuentro de la luz clara, de donde surgen todas las cualidades esenciales de nuestra conciencia. En la cultura cristiana nos podemos valer de la oración del Padrenuestro, que nos es más familiar, como ejercicio preliminar. La intención de estas oraciones o mantras es apelar a nuestras virtudes o al lado positivo de nuestra psiquis, que es más afín a la pureza esencial de la luz clara.

Para los ateos o no creyentes la recomendación es simplemente ejercitarse en la atención plena o *mindfulness*. Si dicha atención la pueden sostener durante el trance o bardo de la muerte les resultará tan útil como la práctica de la oración o de un mantra.

«Phowa» o transferencia de conciencia

Esta práctica tiene diferentes niveles y funcionalidades según la capacidad del individuo, desde el principiante hasta el maestro o *tulku*. Los preliminares de esta práctica se realizan mediante la oración o recitación de un mantra. Con ello, podemos asistir al difunto y prepararnos para el encuentro con la luz clara. En la actualidad esta práctica nos puede resultar una novedad, pero para nuestros abuelos, bisabuelos y tatarabuelos era usual hacer velaciones de hasta tres días para acompañar al difunto en su nuevo periplo.

La transferencia de conciencia implica diferentes aspectos, pero principalmente se trata de una renuncia por parte del difunto, que debe cesar en sus apegos y deseos materiales o corporales, entregándose a una nueva condición o estado de conciencia. El practicante de *phowa* debe ser un investigador y practicante del *Bardo Thödol*, y en caso de no conocer estas enseñanzas, igualmente debe indagar sobre el psiquismo o anatomía oculta que encontrará en su EPM. Dependiendo de su propia experiencia, en su indagación podrá obtener un resultado mayor o menor en su transferencia o cambio de condición, radicando tal resultado en el reconocimiento de la luz clara o del «bardo de la verdad en sí», que como ya sabemos estriba en identificar todo lo que él mismo proyecta de su propio mundo interior o psiquis. En caso de que el difunto no reconozca el «estado de la verdad en sí», le queda la oportunidad de lidiar con el «bardo o tránsito del devenir», donde igualmente tendrá que apelar al recordatorio de su nuevo estado de conciencia como difunto.

La eficacia de estas prácticas siempre va acompañada de la propia experiencia e indagación previa que el difunto haya realizado en vida. La guía o acompañamiento de familiares, seres queridos, o de lamas, chamanes, etc., con sus oraciones, mantras, instrucciones, prácticas y recordatorios, resultará de gran ayuda para el difunto, siempre y cuando los acompañantes del velatorio le proporcionen la adecuada orientación o el estado de conciencia requerido, que empieza y se sostiene en un ambiente de paz, serenidad, desasimiento y desapego. También en el arte de vivir debemos cultivar estos atributos, virtudes o cualidades para que llegado el momento no tengamos carencia de los mismos. Así que la práctica del *phowa* o transferencia debe entrenarse en vida; ello forma parte de la sabiduría de la muerte.

La práctica Chöd

La práctica del Chö forma parte de la cultura del budismo tibetano. Fue creada en el siglo XI por la yoguini tibetana Machig Labdrön.

La práctica incluye evocaciones a los *dhyani* budas, sus consortes y familia, que representan arquetipos fundamentales de nuestra anatomía oculta. La práctica consiste en cortar, descuartizar y transformar imaginariamente el propio cuerpo, ofreciendo estas partes como objetos o reliquias a los arquetipos o divinidades que sustentan nuestra condición en la EPM.

Esta práctica resulta impactante e incluso un tanto repugnante para los occidentales, que adoran su forma física y su cuerpo. Pero no se trata de sadomasoquismo, pues es una práctica de la imaginación, que procura precisamente el desapego al cuerpo. Sentarse tranquilamente e imaginarnos a nosotros mismos despedazando nuestro cuerpo o cómo el cuerpo vive el proceso de descomposición tras la muerte, rodeados de símbolos mortuorios, no resulta agradable para quienes sobrestiman su templo corporal.

Existe un vínculo semejante en el cristianismo a esta práctica del Chöd, y lo encontramos en el viacrucis y la crucifixión vivida por Jesucristo, tan bien representada en películas como *La pasión de Cristo*, cinta coescrita y dirigida por el director y actor estadounidense Mel Gibson e inspirada en las revelaciones de la beata Ana Catalina Emmerick. Este tipo de experiencias y visiones sobre Cristo son comunes entre los grandes místicos cristianos, como es el caso de santa Catalina de Siena, a quien en una revelación mística se le ofrecieron dos coronas propias de Cristo: una de oro como rey de reyes y otra de espinas, prefiriendo la santa de Siena la de espinas. Repito que no se trata de un ejercicio de sadomasoquismo, sino de un ejercicio de imaginación con el que los místicos cristianos encuentran revelaciones o inspiración, que les aporta cercanía o familiarización con la muerte y el desapego al cuerpo para la posterior resurrección o vida después de la muerte.

6. EL TANTRA Y LA SABIDURÍA DE LA MUERTE

Tanto las prácticas *Chöd* como el *phowa* y el yoga del sueño pertenecen al budismo tradicional del Tíbet o budismo vajrayana. Este es un budismo procedente de la India que tuvo su auge en el siglo IV, llegando al Tíbet en el siglo VII con Padmasambhava. Gracias al aislamiento del viejo Tíbet, estas enseñanzas se han conservado hasta la actualidad junto con el *Bardo Thödol*.

Las enseñanzas del budismo tibetano son muy extensas y de diferentes niveles, así como de una gran profundidad, y por eso no todos los occidentales pueden acceder a esta tradición, con sus minuciosas y diligentes instrucciones aportadas por el correspondiente maestro o lama con iniciaciones que se van adquiriendo gradualmente.

Un libro recomendable para empezar a conocer estas enseñanzas es *Introducción al tantra,* del lama Yeshe, que de un modo accesible explica los dos fundamentos del *tantra*, principalmente el vacío y el *bodichita*.

En el budismo, el vacío es la sabiduría y el *bodichita* es la compasión, y ambos, sabiduría y compasión, son el significado del mantra «Om mani padme hum». El vacío se plantea con tres puntos: la impermanencia, la interdependencia y la unión, todo ello fundamentado en la comprensión de la naturaleza de la mente.

> *«Se fue, se fue, se fue mas allá;*
> *se fue, trascendiéndolo por completo.*
> *GATE, GATE, PARAGATE, PARASAMGATE,*
> *BODI SUAJA.*
> *¡Oh! ¡qué despertar! ¡Aleluya!*
> *Esto completa el corazón de la perfecta sabiduría».*

SUTRA DEL CORAZÓN

En la impermanencia encontramos la sabiduría de la muerte; nada permanece, todo lo compuesto se descompone, algo que no solo sucede en el mundo material. La disolución de nuestros pensamientos y emociones también es algo que podemos comprobar mediante la meditación. Que todo nace y muere en este mundo físico es un hecho evidente; sin embargo no tenemos la conciencia clara de que eso mismo suceda en nuestro espacio interior o mente, ya que nuestros apegos y deseos quieren sentir que todo permanece; mas cuando trabajamos la meditación o la contemplación podemos observar las idas y venidas de nuestros pensamientos, recuerdos, emociones, preocupaciones y demás; toda esta actividad psíquica se ve reducida con la concentración, que es uno de los seis *paramitas* o perfecciones a trabajar. Al reducir la actividad mental podemos observar con mayor lucidez y conciencia; es entonces cuando podemos ver cómo se disuelven los pensamientos, pues a mayor atención menor actividad psíquica. Entonces empezaremos a saborear la serenidad y paz interior.

Aunque en principio el fluir de la mente es incesante, con la paciencia, que es otro de los seis *paramitas*, se va adquiriendo paz y serenidad, aunque sea entre pensamiento y pensamiento; es evidente que una mente distraída e inatenta es como un caballo desbocado o un mono saltarín. Detrás de cada pensamiento, emoción y preocupación existe un apego, una identificación con determinada actividad psíquica, por lo que el desapego nos permitirá hacer cesar gradualmente la hiperactividad hasta lograr un descanso relajante. Una mente vacía es una mente contemplativa, clara, lúcida, diáfana, capaz de examinar con detenimiento la propia mente y comprender su naturaleza.

La interdependencia se puede observar en el mundo físico con claridad. La naturaleza es un ecosistema donde todo depende de todo; nada puede subsistir sin la cadena del ecosistema: una planta necesita sol, agua, insectos, y así cada ser vivo requiere de los demás seres vivos para su supervivencia. En esta cadena del sostenimiento de la vida se incluye la muerte, que permite el equilibrio y el sostenimiento de las especies. La muerte es el último eslabón del ecosistema que permite tal equilibrio, procura el abono y es un factor más de la retroalimentación.

Lo esencial de la interdependencia es que nada ni nadie puede subsistir sin los demás seres. Al reconocer tal interdependencia dejamos de valorar nuestra identidad o «yo» como lo más significativo o importante y nos damos cuenta de que tan solo somos una pieza más de la cadena del ecosistema. El mayor problema al que nos enfrentamos actualmente es al cambio climático con sus graves consecuencias, y en él los humanos hemos participado de modo desproporcionado al priorizar nuestra identidad por encima de la naturaleza consumiendo bosques, mares, ríos y animales de forma desmedida.

Así, que al observar la interdependencia de todos los seres pondremos nuestra identidad en su lugar, compendiando que no es la competitividad sobre unos y otros lo que nos hará triunfar, sino que es la colaboración lo que nos permitirá avanzar inteligentemente. El «yo» es competitivo porque quiere subsistir, porque siente temor, y el temor se alimenta del propio temor, lo que nos incapacita para situarnos como una pieza más de la gran cadena de la vida. Al comprender la interdependencia la sobrestimación del «yo» se disuelve a favor de todos los seres vivientes.

El tercer punto del vacío es la unión. Una vez entendemos que nada subsiste por sí mismo y que nada permanece viene la conciencia unitaria, que abre las puertas a la compasión. Desde este punto podemos comprender el *bodichita* o conciencia despierta en la compasión, la unidad, la cooperación.

La transferencia de la conciencia o *phowa*, resulta del trabajo sobre uno mismo, que el *tantra* o alquimia nos permite realizar partiendo del vacío y el *bodichita*. El vacío es el estado natural de la mente, que podemos experimentar en el silencio, la paz y la serenidad. El *bodichita* o compasión es la propia expansión de la conciencia en su estado natural e incondicional.

El arte de la imaginación

En el *tantra* se practican variados ejercicios de imaginación, siendo esta el arte de visualizar con nuestra mente. La imaginación requiere de concentración; en cuanto nos falla la concentración, la imaginación pasa a ser fantasía.

Nuestra mente es creativa por naturaleza y podemos ejercitarnos en la imaginación o visualización para modificar nuestras perspectivas. El trabajo del *tantra* con sus ejercicios de imaginación pretende arrojar luz acerca de lo que es nuestra identidad o «yo» y sobre lo que es nuestra mente. En el budismo vajrayana, practican la visualización de los *dhyani* budas y otras divinidades, con el fin de cambiar la identidad personal de nuestro pequeño «yo» a la identidad de una conciencia semejante al Buda. Y en la medida en que adiestran la imaginación van jugando con sus creaciones mentales, convirtiendo lo bueno en malo y viceversa. Así se acostumbran a no identificarse con las creaciones de la mente, comprendiendo que todas esas creaciones son impermanentes.

Un ejercicio de imaginación semejante lo realizan los rosacruces en Occidente, y consiste en visualizar el crecimiento de un rosal desde la semilla hasta su plenitud, procurando ver todos los detalles del rosal, su tallo, sus raíces, sus hojas, sus flores, etc. Esta es la primera fase del ejercicio, que luego sigue a la inversa: empiezan a visualizar cómo el rosal entra en decrepitud, cómo los pétalos se secan, se caen, siguiendo con las ramas hasta que todo el rosal se seca o muere y sus restos son alejados por el viento. La intención de la segunda parte del ejercicio es no perder la objetividad de la impermanencia. Los principiantes disfrutan con la primera parte de este ejercicio, pero encuentran resistencia en la segunda. El objetivo final de la práctica es comprender el poder creativo de la mente, que siempre estará presente.

El arte de imaginar nos permite con su juego darnos cuenta de que aquello que surge en nuestra mente puede ser modificado y transformado; de ahí inferimos que la mente no tiene por qué controlarnos con su desbocada actividad, ni tenemos por qué identificarnos o apegarnos a aquello que nuestra mente nos presenta, ya que podemos cambiar nuestras perspectivas y nuestros enfoques desde el momento en que dejamos de identificarnos con sus fantasías, preocupaciones, pensamientos, etc.

Famosa es la leyenda de la tentación de san Antonio, donde al santo se le aparece una mujer desnuda sobre la cruz, el símbolo más sagrado del cristianismo. Estas tentaciones nos demuestran que a falta de comprender los juegos fantásticos de nuestra mente subjetiva, a falta de reconocer lo que nuestra mente es capaz de proyectar y reproducir, podemos caer en la tentación, en la identificación y la fascinación de aquello que la mente puede llegar a crear a pesar de que intentemos reprimir nuestros estados negativos. La ventaja de trabajar con la imaginación es comprender que todo lo que proyecta nuestra mente puede ser transformado, llegando a concluir que tanto los valores positivos como los negativos no son más que simples proyecciones que podemos invalidar, cambiar, transformar, como si de un juego se tratara. Este juego es más efectivo cuando tomamos conciencia de que nuestra mente está vacía.

La mente vacía es diáfana, y esa misma naturaleza vacía permite desplegar su inmenso potencial creativo, una imaginación viva y una inspiración inacabable. En vez de caer en el sueño fascinante de lo que nuestra mente proyecta sin ton ni son o de modo subjetivo, tenemos que tomar las riendas de la misma y de todo su potencial creativo. Cuando reprimimos los valores negativos, sin verlos de frente tal cual son, tarde o temprano encuentran una salida mostrando su existencia; el problema es querer reprimirlos y no reconocerlos, siendo mejor y de mayor efectividad darse cuenta de que todo lo que surge en la mente cesa en la mente como simples proyecciones, mientras el fondo de la mente permanece en su natural estado de vacío. Los difuntos, como indica el *Bardo Thödol*, deben reconocer en su espacio interior o psiquis que todo lo que surge ante ellos son sus propias proyecciones mentales.

La meditación y la concentración nos muestran qué es el vacío. En el vacío la claridad de la atención es la misma luz clara, diáfana, pura, incontaminada. En la medida en que nos familiarizamos con el vacío comprendemos la naturaleza profunda de la mente. La mente es como un inmenso océano. En sus profundidades, el silencio, la paz, la serenidad son su estado natural, mientras que la superficie de la mente se ve influida por los vientos y las tormentas de las circunstancias que provocan oleajes, olas que van y vienen, suben y bajan. Si experimentamos las profundidades de la mente, comprendemos que por mucho oleaje que tengamos en la superficie la naturaleza profunda se mantiene en calma y en serenidad, de tal modo que si unificamos la superficie y las profundidades de la mente, todas las tormentas cesarán ante su profundidad insondable.

El yoga del sueño

El yoga del sueño es una enseñanza metódica y práctica. Con este yoga podemos ver los resultados de nuestros avances en nuestro camino hacia la luz clara. El yoga del sueño se conoce en todas las escuelas o enseñanzas del Tíbet y se popularizó con el nombre de yoga de Maropa.

Con el yoga del sueño podemos ejercitar nuestra imaginación y psiquis. Son recomendables los libros de *El yoga del sueño* de Namkhai Norbu Rimpoché y de Tenzin Wangyal Rimpoché, ambos de la escuela Bön. También recomendamos a B. Alan Wallace y su libro *Soñar que estás despierto*. Otra recomendación es el libro de Rudolf Steiner *La iniciación o cómo adquirir el conocimiento de los mundos superiores*.

Estas enseñanzas del yoga del sueño se incluyen o van junto con la ciencia del *tantra*, ya que el trabajo del mundo onírico es propio de nuestra anatomía oculta o psiquis. En los estados medios y avanzados de este yoga se juega con el arte de la imaginación, transformando, cambiando nuestros sueños. Habitualmente se pone como ejemplo el cambiar un feroz león en un lindo gatito, siendo posible con la práctica modificar cualquier escena onírica, lo que demuestra la plasticidad de nuestra mente y sus proyecciones.

Tres son los estados de conciencia que se tienen en cuenta en el yoga del sueño: el estado de vigilia, el sueño y el sueño profundo o sueño sin sueños. En el yoga hindú citan un cuarto estado de conciencia, el llamado *turiya*. Recomendamos al maestro Swami Sivananda y su libro *Filosofía del sueño*. Alcanzar el cuarto estado de conciencia significa que comprendemos claramente los tres estados de vigilia, sueño y sueño profundo.

Dicen las enseñanzas del *tantra* que hay tres momentos semejantes en el encuentro con la luz clara: en el bardo de la muerte, en la unión sexual con sublimación de la energía (que corresponde a las enseñanzas del *tantra* supremo) y en el momento en que entramos en el sueño profundo. Las tres experiencias requieren de entrenamiento y un estado de conciencia adecuado. Por un lado, puede parecer complicado para aquellos que carecen de estas enseñanzas, pero por otro, los fundamentos de estas tres experiencias se basan en una mente serena, contemplativa, donde la simplicidad es el estado natural, simplicidad de la que la «mente del principiante» puede disfrutar, siendo la dificultad, como ya comentamos, el mantener tal estado.

El yoga del sueño empieza por desarrollar nuestra memoria onírica, existiendo diferentes prácticas auxiliares para ello, como realizar una retrospección de nuestro día desde el momento que nos vamos a acostar hasta el momento que nos levantamos. Esta retrospectiva la hacemos de modo inconsciente al quedarnos dormidos o con carácter previo a ello. Nuestra mente hace esa retrospección a semejanza de lo que le ocurre al difunto, que ve su vida retrospectivamente. Este tipo de sueño retrospectivo pertenece al centro de nuestros hábitos (situado en nuestro bulbo raquídeo). Si nos acostumbramos a la retrospección voluntaria o consciente despejaremos y facilitaremos el descanso obteniendo mejor lucidez en los sueños.

El siguiente ejercicio consiste en hacer una retrospección de nuestros propios sueños y apuntarlos en una libreta.

Hay que procurar no moverse en el momento del despertar. Reconocer los sueños, símbolos, personajes, lugares de los sueños que se repiten es importante, pues en la medida en que vayamos tomando conciencia de la repetición de estos elementos oníricos podremos seguir con nuestro entrenamiento para que en el momento en que vuelvan a surgir saber que estamos en un sueño; esta es la clave para lograr sueños lúcidos, donde nos damos cuenta de que nos encontramos en un sueño.

Otra clave para tener sueños lúcidos es la propia atención sobre los eventos novedosos que nos ocurren durante el transcurso del día. Cualquier cosa o evento que nos asombre o llame nuestra atención debe ser aprovechado para preguntarnos si lo que está sucediendo es un sueño o no. Para ello, podemos dar un salto, tirarnos de un dedo o taparnos la nariz. Si estamos en un sueño, aunque nos tapemos la nariz podremos seguir sin dificultad con nuestra actividad onírica. Si no podemos respirar es que estamos en el estado de vigilia, mientras que si damos el salto y nos quedamos suspendidos en el aire o tiramos del dedo y este se alarga significa que estamos en el mundo onírico. Cambiar nuestros hábitos cotidianos también nos sirve para desarrollar nuestra capacidad de asombro, lo que repercutirá en nuestros sueños, en procura de la lucidez onírica. Todas estas claves deben ir acompañadas de la máxima atención posible.

Las cuatro luces

La tradición del yoga del sueño nos habla de cuatro luces:

   1. Luz del reconocimiento: la memoria onírica es la luz sobre nuestra actividad psíquica mientras dormimos.

2. Luz de aumento: nos permite los primeros destellos de los sueños lúcidos y empezar a practicar con ellos.

3. Luz de la realización inmediata: ya nos adiestramos en los sueños y el arte de imaginar, transformando los propios sueños, cambiando lo bueno por lo malo y viceversa, jugando con nuestras propias proyecciones oníricas o mentales.

4. El encuentro con la Madre Clara Luz con su hijo: se experimenta el potencial de la mente vacía y su naturaleza primordial, obteniendo plena lucidez sobre la mente y su juego con el mundo de las formas.

Con estos cuatro grados o niveles de la tradición del yoga del sueño podremos entender la disposición que el difunto tendrá en su encuentro con la luz clara. A mayor claridad y luz en nuestros estados oníricos más accesible se nos hará el reconocimiento de la luz clara.

El sueño profundo es semejante al citado estado de desmayo del difunto. Este estado es difícil de reconocer de modo consciente o lúcido, ya que la mente se encuentra vacía, sin actividad psíquica ni física, y de ahí su semejanza con una EPM. En tal estado, solo la mente vacía y la conciencia auto-sostenida resplandecen, siendo precisamente la falta de conciencia al respecto lo que nos impide reconocer dicho estado. La única presencia que permanece es el observador, que en esos momentos solo puede observarse a sí mismo como contemplador, ya que no existe actividad física ni psíquica.

En la medida en que nos ejercitemos en la meditación contemplativa podremos descubrir al observador o contemplador y comprender su naturaleza inmutable siempre presente en nuestra mente profunda.

Descubrir al contemplador u observador unifica a la Madre Clara Luz con su hijo, descubriendo el buda o iluminado que todos llevamos en lo profundo de nuestro Ser.

Del sueño al despertar

No podemos encontrar la realidad en otro lugar que no sea nosotros mismos, como indican diferentes enseñanzas (zen, advaita, *dzogchen*, *gnama*-yoga, *tantra* supremo, cristianismo esotérico o gnóstico, etc.). El Cielo y el Infierno también los encontramos en nosotros mismos. Si queremos cambiar nuestras vidas, primero deberemos cambiar nuestro modo de ver la vida, y en ese cambio valorar la función de nuestra conciencia. Tener éxito va en compañía del fracaso; la satisfacción va junto a la insatisfacción; a la ansiedad por resolver nuestros problemas le sigue la depresión por no poder resolverlos. En definitiva, la rueda de la vida sube y baja, es dual. A toda luz le acompaña una sombra, y asumir que el Tao de la vida con su ying y yang van de la mano y que siempre existen dos polos contrarios que son a la vez complementarios es indispensable para lograr nuestro despertar.

Cuando despertamos en la luz clara, en la esencia propia de la conciencia donde la raíz de la vida cobra pleno sentido, podemos encontrar la luz sin sombra. Esta luz es el Tao, la naturaleza de *Adi-Buda* (buda primordial), el Cristo del *Pistis Sophia*, donde la dualidad se disuelve.

Las enseñanzas de mayor trascendencia nos dirigen hacia esa no dualidad, donde la luz sin sombra disuelve todo conflicto, toda batalla o lucha entre polos opuestos. La riqueza y la pobreza, lo agradable y lo desagradable, el Cielo y el Infierno, la aversión y el apego están en constante lucha en oposición continua mientras sigamos con una conciencia dividida, separada y despedazada por todos los embates, debates y enfrentamientos entre las dos polaridades. En tal conflicto la paz interior es difícil de obtener. Si solo optamos por una paz temporal, nuestro camino estará constituido de tramos y vaivenes hasta que percibamos en lo profundo del Ser que la luz de la conciencia es atemporal, eterna e ilimitada.

Observe detenidamente su existencia: ¿quién está siempre presente en nuestro existir? Solemos aferrarnos a nuestro pequeño «yo», que, en sus sueños ilusorios, proyecta un gran «yo», una eternidad de la que nada sabe por no experimentarla en vida. Cuando asomamos nuestra conciencia a lo eterno, en ese presente lúcido e inmutable, exento de dualidad divisoria, se percibe la inmensurable naturaleza del Ser. La parcela del pequeño «yo» queda rota en mil pedazos, abriéndose a la luz perenne.

La existencia es un sueño, la rueda del *samsara* es una proyección de nuestro «yo», que pretende vivir sin la luz de la conciencia. Cuando la conciencia despierta no hay barrotes, no hay jaula ni condicionamientos; el «yo» se disuelve ante la inmensidad de un espacio totalmente abierto. Entonces los conflictos cesan, el temor desaparece junto a los límites de nuestra pequeña parcela y la vida surge con todo su esplendor. Ni siquiera es necesaria la esperanza, pues donde deja de existir el temor, ¿qué necesidad de esperanza existe?

La sabiduría solo es posible si su «alma mater» (madre nutricia) la acompaña. Esta es la compasión. ¿Pero cómo podemos ser sabios y compasivos si el temor no nos deja en paz? Nuestro *karma* se sostiene en nuestros apegos, y nuestros apegos no los dejamos por temor, y así encadenamos sueño tras sueño en un interminable existir, donde el rumbo de nuestros andares se pierde en un laberinto de vaivenes.

Sí, claro que existe la eternidad, sí que existe el *nirvana*, sí que existe el conflicto y el cese del conflicto, claro que sí. Pero si no los encontramos en vida, la muerte no será más que un tránsito donde continuaremos gestando nuestro *karma*.

El sueño de la vida es una sombra que oculta la luz de la conciencia. Este sueño es el proyecto de nuestro pequeño «yo». Este sueño separa la luz original de nuestra realidad innata. En la caverna oscura del «yo» proyectamos nuestros sueños, como lo expresaba el mito de la caverna de Platón, separándonos de la luz y refugiándonos en la oscura caverna donde solo vemos sombras. Esas mismas sombras son proyectadas gracias a la luz. Si alguien sale de la caverna y descubre la luz, al regresar tendrá que explicar a los habitantes de la misma qué son esas sombras y por qué se producen; tendrá que hilar con sabiduría y compasión sus explicaciones para hacer entender que sin luz no pueden existir sombras. Entonces, como en el mito del hilo de Ariadna, tendrá que asistir a los habitantes de la caverna para sacarlos de su laberinto, donde el minotauro de sus temores les tiene amarrados en postes que los inmovilizan.

El sueño de la conciencia termina cuando encuentra sus orígenes. Cuando esto ocurre, descubrimos que todo surge de la propia luz de nuestra conciencia. Primero, todo es luz. Luego, cuando surge el amanecer de la vida, emergemos de un sueño profundo, de un desmayo donde solo la paz de la conciencia serena se auto-sostiene. Seguidamente viene toda una manifestación onírica de idas y venidas, donde nuestra psiquis se pierde si olvida que todo surge de uno mismo. Después, cuando despertamos del sueño onírico seguimos soñando con el cuerpo físico activo. En estado de vigilia, tendríamos que mantener la atención plena o siquiera recordar que nuestros sueños de la noche nos siguen acompañando. Llegada de vuelta la noche, si no hemos mantenido el estado de vigilia o la atención plena, después del descanso del sueño profundo de nuevo surgirán nuestros sueños y proyecciones, y ante la carencia de vigilia o atención plena los sueños se desenvolverán caóticamente. Este caos se descubre con claridad cuando nos sentamos a meditar, cuando en estado de atención vemos a nuestra mente divagar por aquí y por allá sin tener claridad de por qué se comporta de tal modo. La respuesta es sencilla: falta de atención plena, falta de una verdadera vigilia.

La sabiduría de la muerte nos descubre el sueño de nuestra conciencia, que despierta al ver con claridad que aquello que continúa y permanece, lo eterno, se sitúa más allá de la parcelada visión que el pequeño «yo» pretende sostener a toda costa.

La conciencia es atemporal; ella siempre se manifiesta en el presente, y en la medida en que dejamos de estar condicionados por nuestro ayer y nuestro mañana, adquiere mayor lucidez sobre lo que en verdad se perpetúa.

Lo que se perpetúa no es un «yo», ni un gran «yo»; es una conciencia desapegada de nuestra propia historia personal. Este desapego de nosotros mismos nos permite comprender la naturaleza perenne de nuestro Ser, que sin aferrarse al *karma* se sumerge en el «océano de la vida libre en su movimiento».

Cuando dejamos de proyectar los sueños de nuestro pequeño «yo», la luz clara nos descubre una vida sin sueños, sin ilusiones, plenamente real, donde todo lo transitorio siempre regresa a su punto de partida, a sus orígenes. En nuestro sueño profundo y en nuestro tránsito por la muerte nos reencontramos con nuestra esencia primordial, la que nos da descanso y paz.

Descubierto el origen, la luz sin sombra desvela todo el misterio de nuestro existir. Descubrimos que nuestra perpetuidad es infalible, destapando toda la mecánica recurrente de la rueda del *samsara*. De ese modo dejaremos de retornar a una existencia mecánica o inconsciente, para poder al fin ser lúcidos y conscientes de lo que significa realmente reencarnar.

«Esta es la hora de mi muerte. Aprovechando esta muerte obraré en bien de todos cuantos seres conscientes pueblan la inmensidades ilimitadas de los cielos con objeto de obtener el estado perfecto de Buda, en virtud del amor y la compasión que hacia ellos dirigiré, encaminando mi concentrado esfuerzo solo hacia la perfección».

BARDO THÖDOL

«Y el fin sin fin descubre el principio sin principio».

RAFAEL PAVÍA

SEGUNDA PARTE.
LOS SUEÑOS Y EL TRÁNSITO
A LA MUERTE

Tara se sienta en una postura de meditación sobre una flor de loto, símbolo del budismo tibetano. Fuente: Shutterstock.

1. REVIVIR EL ALMA

El mundo onírico es mágico por excelencia porque esconde el misterio y el enigma de la naturaleza humana. Es el indicador que nos muestra si nuestra psiquis se construye o se desconstruye, según sea nuestra disposición con nosotros mismos. Esto es así, pues, como dijo Platón, «Al hombre se le conoce por sus sueños», siendo otro ilustre doctor en la investigación de la psiquis, Carl Gustav Jung, quien planteó la urgencia de que el hombre debía conocerse a sí mismo, ya que «carga dentro de sí mismo la semilla de su autodestrucción». Y a resultas de que en la actualidad un buen número de gente puede dedicarse a disfrutar de estar en la cumbre de la pirámide de Maslow, esto es, dedicarse a su autorrealización y a conocerse a sí misma, resulta oportuno hoy en día exponer este tratado sobre los sueños y su relación con el tránsito hacia la muerte. En este tema encontramos claves importantes para nuestra vida y para el despertar de nuestra conciencia.

Una tercera parte de nuestra vida la dedicamos a dormir, ya que lo habitual es dormir ocho horas diarias. Por tanto sería un absurdo no prestar atención plena a esas ocho horas de cada uno de nuestros días si realmente queremos conocernos a fondo. Quien no se conoce a sí mismo se extravía, se pierde en un mar de incoherencias, contradicciones, afirmaciones y convicciones sin el fundamento de conocer qué es nuestra mente, nuestra psiquis y nuestra naturaleza interna. Desgraciadamente, cuando no nos conocemos ignoramos nuestro origen y también nuestro destino.

¿Qué nos pueden aclarar nuestros sueños respecto a nosotros mismos? La respuesta es que el mundo onírico es el mediador entre la fuente original de nuestro Ser y nosotros. Los sueños son la «escalera de Jacob», la escalera que peldaño a peldaño debe aproximarnos a nuestros orígenes hasta descubrir la plenitud o potencial de nuestro Ser, potencial que nos nuestra la realidad que hay antes, durante y después de nuestro existir.

Como divulgador de la conciencia integral expongo que este tema de los sueños, así como los diferentes aspectos que conciernen al conocimiento humano, deben asumir una dirección, un rumbo, una finalidad; si no solo crearemos parches o piezas de un puzle que nunca encajaremos, faltándonos en el puzle de la vida saber hacia dónde vamos. Es el momento idóneo para asumir una dirección acertada en la ciencia del auto-conocimiento o gnosis, pues la mutación que da paso del estado mental al estado de la conciencia integral se está gestando en la humanidad hoy en día.

La historia de la conciencia humana descrita por Jean Gebser (el cartógrafo de la conciencia humana) en su libro *Origen y presente*, con los diferentes estados de conciencia que la humanidad ha vivido a lo largo de su historia, va siempre ligada a los estados oníricos o mundo de los sueños. Es por ello que toda tradición espiritual nos habla del despertar de la conciencia diciendo que este mundo es un sueño. Como indica la tradición hindú: «El mundo es el sueño de Brahma; cuando Brahma despierta, el sueño concluye». Por tanto, el despertar de nuestra conciencia tiene que ver con la realidad de los sueños, con comprender el porqué del fenómeno de los sueños. ¿Cómo y de dónde surgen los sueños, cómo se forman, qué propósito tienen? Comprender a fondo el enigma de los sueños nos permitirá alcanzar la fuente original del Ser, facilitándonos la plenitud, la realización, el despertar y la iluminación.

Un alma que ve y escucha

Nuestro mundo interior es de una riqueza extraordinaria y muchas veces nos sorprende gratamente, mientras que otras nos impresiona mostrándonos nuestros temores y ocultos rincones que se quedaron a oscuras. El alma nos sorprende en sus experiencias oníricas, como el caso que cita C.G. Jung cuando nos dice que cierta noche en la madrugada, a determinada hora vio como un familiar suyo lo visitaba, resultando que temprano por la mañana le dieron aviso de que dicho familiar había fallecido aproximadamente a la misma hora en que él psicólogo tuvo el sueño. Estas causalidades las planteó C.G. Jung en su teoría de la «sincronicidad». Realmente este tipo de experiencias oníricas impactan y nos hacen reflexionar sobre el potencial de nuestra psiquis.

Una experiencia impactante

A mí en particular me acaeció el siguiente caso. Siendo aún joven y viviendo en casa de mis padres, un día nuestra anciana vecina llamó a nuestra puerta muy alterada. Su enfermo marido se había cortado las venas, queriendo quitarse la vida, pues su cáncer de próstata le atormentaba. Fui de inmediato a socorrerlo y con unas sábanas que le pedí a su mujer le taponé las venas y le hice unos torniquetes. Pudimos parar en lo posible la hemorragia hasta que vino la ambulancia. El señor Ismael se libró de morir en esa ocasión, aunque mientras lo atendía me pedía que le dejara morir. Pasados largos meses falleció a causa de su enfermedad. Unas semanas más tarde del fallecimiento de Ismael fui a acostarme a la cama. Mi habitación quedaba junto a la puerta de entrada y poco después llamaron a la puerta. Me levanté sorprendido porque no sabía quién podía ser a esas horas. Abrí la puerta y ¡sorpresa! allí estaba el señor Ismael. Entonces extendió su mano para saludarme y nos chocamos las manos, mientras me agradecía el socorro que le presté cuando intentó quitarse la vida.

Hacía breves momentos que me había acostado y creía estar aún en estado de vigilia, pero después me di cuenta de que había sido una experiencia onírica. Desperté en mi cama después de que Ismael se despidiera atentamente de mí. Sin duda este tipo de experiencias le conmueven a uno el alma.

Nuestra alma es tremendamente sensitiva, aunque nosotros la podemos embrutecer y convertirla en una dura y áspera roca, insensible a todo lo que nos rodea. Para ello basta con alejarnos de nuestro mundo interior, aislándonos de nuestra psiquis o alma, convirtiendo nuestro cuerpo físico en un muro que nos lanza al extrarradio de nuestro existir, haciendo del mundo un frío vivir.

Pero el alma escucha lo que nuestros oídos no alcanzan a oír, ve lo que nuestros ojos no perciben. Nuestra alma se alimenta de todas las impresiones que experimentamos, ya sean buenas, malas, regulares o indiferentes, y nuestra conciencia procura poner orden a todas esas impresiones sobrevenidas. Nuestra conciencia siempre permanece activa tanto en el estado de vigilia como en los sueños. El gran inconveniente es nuestra inatención, nuestra falta de colaboración con nuestra conciencia, lo que provoca que a pesar de todos los esfuerzos que ella hace por nosotros, no pueda por sí sola con todo nuestro ajetreado vivir. Lo que queremos decir es que carecemos de suficiente o de una mínima auto-conciencia. En cierto modo estamos olvidados de nosotros mismos, lo que daña y envilece el alma.

En conversaciones con diferentes personas que andan por estos parajes del alma, me conmovía el hecho de que se tratara al «alma» como a esa doncella pura, casta, inmaculada e inocente a la que hay que cuidar y proteger, como lo hacían los nobles caballeros con sus damas, esforzándose en mostrar sus mejores virtudes. Cervantes y su *Don Quijote* nos mostró la hermosa locura de la nobleza, y la otra locura, la de la vil, soez y mundanal alma caída o prisionera del frío mundo exterior, donde los valores humanos se corrompen.

La lucha entre el mundo exterior y el interior

Nuestra cultura occidental, donde actualmente predomina el estado de conciencia mental que crea una bipolaridad propia de la mente racional en la que los opuestos se combaten, ha generado un polo escéptico, materialista, en pos de un positivismo y un empirismo que ha llegado a sus límites en lo que a respuestas y soluciones nos ofrece, pues la mente racional todo lo cuantifica, cosifica, mide, numera, dimensiona, etc. Pero no todo se puede cosificar, cuantificar y medir.

Y cuando nos referimos a conocernos a nosotros mismos no nos remitimos a conocernos de una forma superficial o ambigua: nos referimos a una aventura donde buscaremos hasta las últimas consecuencias. Entonces la aventura de conocerse a uno mismo se vuelve una odisea, una hazaña semejante a la de Jasón y los argonautas cuando partieron en busca del vellocino de oro, una proeza semejante a los doce trabajos de Hércules. La aventura de conocerse a uno mismo, y con ello la verdad, traspasa y supera cualquier proeza que un ser humano pueda emprender.

Por ello, este tratado sobre los sueños no es un tratado más para descifrar los sueños, ni para hacer terapia, pues ya hay abundante información al respecto. Lo que aquí nos preocupa es mostrar un camino que dé dirección y componga todas las piezas dispersas del enorme puzle que conforma la psiquis y nuestro mundo onírico. Es un camino con el que queremos mostrar y desentrañar la profunda realidad de nosotros mismos hasta sus últimas consecuencias, esto es, hasta que comprendamos lo que es nuestro cuerpo, nuestra psiquis o alma y nuestro espíritu o Ser. Lo dicho puede sonar, ¿pero acaso nuestra alma y nuestro mundo interior no merecen tanta o mayor atención que lo que nos ofrece lo externo?

Cuando disponemos todo nuestro quehacer de modo unidireccional hacia el mundo exterior olvidándonos de nuestro mundo interior nos convertimos en esos muertos que cita Jesús que entierran a sus muertos[2] sin comprender el sentido real de sus vidas; esto puede sonar tremendista, pero cuando procuramos revivir nuestra alma, esta se siente angustiada por la carencia de luz y de las cualidades o virtudes innatas a las que nuestra conciencia tiene acceso. Tanto los antiguos alquimistas como los rosacruces y los teósofos citaban las bodas alquímicas entre el alma humana y el alma espiritual (*budhi* para los teósofos, *gerubach* para los cabalistas). Tal boda o matrimonio es la conciliación entre el mundo externo que pertenece al alma humana y el alma espiritual o mundo interior.

Hoy en día pululan innumerables formas de terapia de toda índole, pero que solo apuntan a una recuperación pasajera. Personas con ansiedad, estrés, angustia, etc., buscan un remedio a su padecer, pero después del tratamiento y su recuperación de nuevo se disponen a vivir del mismo modo que les causó la enfermedad, sin realizar un cambio en sus vidas, en su visión de la vida; o, quizás todo lo más se ejercitan en no recaer, realizando malabares y equilibrios para una subsistencia «normal».

---

2   «Y Jesús le dijo: 'Deja que los muertos entierren a sus muertos, y tú, ve y anuncia el Reino de Dios'». Lucas 9:60

Hoy en día también podemos encontrar innumerables propuestas de realización personal, partiendo de sistemas de auto-ayuda o vías de realización acotadas a una visión funcional de nuestro existir externo.

Muy diferente se vuelve nuestro camino o aventura cuando abordamos el sentido de la vida junto con el sentido de la muerte; entonces sí podemos ahondar en plenitud en la realización de nuestro Ser. De este modo, el mundo de los sueños o la experiencia onírica se convierte en una herramienta que coopera y nos permite bucear en las cercanías de las experiencias cercanas a la muerte (ECM) y las experiencias *post mortem* (EPM).

Para indagar y experimentar sobre el mundo de los sueños tenemos el yoga del sueño y del dormir de la tradición Bön tibetana o del mismo budismo tántrico tibetano. También en el yoga hindú encontramos enseñanzas al respecto. Por ejemplo, en el vedanta-advaita y en el gnama-yoga podemos extraer enseñanzas sobre los cuatro estados de conciencia: vigilia, sueño, sueño profundo o sueño sin sueños, y el cuarto estado de conciencia llamado *turiya*. En este último estado de *turiya* se tiene plena conciencia del resto de estados, lo que otorga el despertar y el acceso a la iluminación.

Por otro lado, aquí en Occidente tenemos una tradición hermética que nos viene del antiguo Egipto y Grecia con sus misterios sobre la muerte y la resurrección, como se muestra con las divinidades de Osiris en Egipto y Dionisos en Grecia, ambos dioses de la resurrección. De ellos hemos recibido la tradición de los ya citados «psicopompos» (el que guía y conduce a las almas de los difuntos). Los psicopompos de la antigua Grecia, a modo de los chamanes en las culturas indígenas, nos legaron la tradición del dios Morfeo, el dios del mundo onírico. Basta leer con atención los mitos griegos de Orfeo y Eurídice, o de cualquier héroe como Ulises, que navegando por los mares de su psiquis se encuentra inmerso en innumerables aventuras, teniendo que sortear el destino del nacimiento, la vida y la muerte que tejen «las Moiras» (parcas en Roma). Toda realización íntima del Ser exenta o carente de los misterios de la muerte se queda como mucho a mitad de camino. Los sueños y la muerte son hermanos, como indica el árbol genealógico de los mitos griegos: Hipnos (dios del sueño) y Tanatos (dios de la muerte) son hermanos de Nix, la noche.

Con la ayuda de estas tradiciones podemos abordar en conciencia todo nuestro mundo interior.

2. EL SUEÑO Y LA MUERTE

«La muerte es un despojo de todo lo que no eres. El secreto de la vida es 'morir antes de morir' y encontrar que no existe la muerte».

ECKHART TOLLE

Cuando la vejez nos llega y nuestro cuerpo está desvalido, agotado y con ganas de descansar, la muerte resulta bienvenida; esta muerte se asemeja al descanso nocturno, eso sí, con diferencias en cuanto a la intensidad de la experiencia.

Tanatos (la muerte) se disputaba con su hermano Hipnos (el sueño) el alma de aquel que requería del descanso nocturno. Tanatos buscaba la muerte dulce o sin violencia, lo contrario de sus hermanas «las Keres», que andaban por los campos de batalla sedientas de sangre.

El descanso de nuestro cuerpo, ya sea porque hemos llegado al final del día o porque nuestro cuerpo no puede seguir en activo porque llegó al fin de sus días, es similar. El descanso del dormir nocturno es en gran parte parecido al descanso del sepulcro; la semejanza se da en el encuentro con nuestro origen primordial.

Cuando nos quedamos dormidos por instantes nos desconectamos del cuerpo y la mente ordinaria; caemos en el sueño profundo o sueños sin sueños. En esos momentos venimos a experimentar una pequeña muerte, en esos instantes la conciencia se sostiene por sí misma.

Cuando la conciencia se sostiene a sí misma sin nada a su alrededor, sin sentidos corporales o psíquico-mentales, entonces solo brilla su luz incontaminada.

Esos instantes de luz de consciencia auto-sostenida son difíciles de reconocer, porque no hay nada en lo que la conciencia se apoye. Este estado de conciencia tiene que ver con el silencio, con la contemplación, con el vacío, con el desasimiento, con la nadidad. Este estado es auto-luminoso y solo es reconocible para los que han gozado del mismo en la contemplación y el silencio.

Por el contrario, aquellos que siempre andan en el bullicio de la vida, atados a sus sentidos corporales y con hiperactividad mental, poco o nada pueden reconocer ese estado de vacío sin forma y sin «yo». No hay «yo» porque el desasimiento impera y en esos instantes uno se desprende de toda posesión material y personal.

Sin embargo, el aproximarse a ese estado original puro e incontaminado, fuente de vida y energía, es suficiente para recuperarse y vitalizarse. Por ello dormir es reparador, tanto en lo psíquico como en lo físico. También es reparadora la muerte para aquellos que han experimentado la riqueza del alma y su estado atemporal, mientras que para muchos la muerte es la mayor angustia por la pérdida que supone de lo irremediablemente caduco o temporal.

Por medio de este tratado esperamos poder ofrecer cercanía con nuestros orígenes y nuestra fuente de vida y energía. Nosotros somos como una pila electromagnética, que cada noche se recarga. Si conservamos bien nuestro cuerpo, esa pila-cuerpo durará más, aunque llegará un momento en que se desgastará y agotará. Cada noche nuestra conciencia busca emanciparse, liberarse y refugiarse en sus orígenes, fuente de vida y energía.

La conciencia tiene en sí misma el potencial necesario para nuestro despertar, un despertar que nos da luz, compresión, valores que nos permiten salir del caos, etc.

Los albores de la conciencia son luminosos, puros, incontaminados, inmaculados, y por ello son una fuente de energía que impulsa el mismo corazón del universo. De esta fuente de energía surgen el día y la noche, el yin y el yang, lo positivo y lo negativo, lo activo y lo pasivo, siendo esta fuente de energía origen del *prana*, del *chi* y de toda la energía que mueve el universo; si lo macrocósmico tiene su auto-gestión energética, lo microcósmico también.

La conciencia en su origen primordial es una luz sin sombras que todo lo integra e incluye. Cuando la conciencia da a luz o alumbra una nueva vida, esta se gesta tanto en lo macrocósmico como en lo microcósmico; es por ello que los humanos podemos descubrir la realidad de este universo que nos envuelve en la similitud que existe entre lo de arriba y lo de abajo. En todo amanecer o surgir de la vida hay un instante que brota de lo eterno.

Los párrafos arriba citados pueden resultar enigmáticos, o tan enigmáticos como el instante de la muerte o el «bardo del morir», que viene seguido del «bardo de la verdad en sí», según las enseñanzas del *Bardo Thödol* o *Libro tibetano de los muertos*.

> *«Vivo sin vivir en mí, y de tal manera espero, que muero,*
> *porque no muero».*
>
> Santa Teresa de Jesús

> *«¿Dónde está, oh muerte tu aguijón? ¿Dónde, oh sepulcro,*
> *tu victoria?».*
>
> San Juan de la Cruz

Desentrañar el misterio de la muerte nos revive, nos da seguridad, confianza, certidumbre sobre los motivos de nuestra vida. En esa aventura del conocimiento de nosotros mismos no podemos, ni debemos, evitar la muerte sino afrontarla como un proceso más de la vida.

Entre los misterios de las escuelas iniciáticas del Antiguo Egipto, y posteriormente en la Grecia clásica, encontramos una divinidad que nos aproxima al conocimiento revelador, o antesala de los grandes secretos de la vida y la muerte; este era entre los griegos Harpócrates, y entre los egipcios el pequeño Horus, representado como un niño tapándose la boca con el dedo índice. Aún hoy en día, entre los masones con sus saludos enigmáticos, encontramos el mismo símbolo del pequeño Horus silenciándose los labios con el dedo índice; un saludo dirigido a los principiantes, que, como ocurría en las escuelas pitagóricas y en la academia de Platón, aceptaban a los nuevos candidatos durante tres o cinco años como simples oyentes.

La presencia de nuestra conciencia no puede quedarse solo en el estado de vigilia, puesto que si así lo hace entonces quedará petrificada en un mundo de formas materiales que por naturaleza propia se formarán y deformarán, se compondrán y se descompondrán. Dice la sabiduría budista que todo lo que se compone se descompone y que nada hay o existe que sea y viva de modo independiente, por lo que cualquier cosa o ser depende de otras cosas y otros seres. Así que si solo fijamos nuestra atención y presencia consciente en el mundo físico-material desearemos que todas las formas perduren y no se extingan, cosa imposible.

Es por ello necesario fijar nuestra atención y conciencia no solo en el estado de vigilia sino también en el mundo onírico. En la medida en que nos adentremos y conozcamos el mundo de los sueños podremos descubrir cómo se forman nuestros deseos, sentimientos y pensamientos. En el mundo onírico la realidad psíquica que conforma nuestro mundo interior se procesa de un modo más rápido, más liviano, más dúctil, etc., de modo que allí podemos ver cómo se componen y descomponen las formas, las imágenes, las situaciones, etc. mostrándonos una realidad de nosotros mismos de la que participamos sí o sí, la recordemos o no. El recuerdo dependerá de nuestra de memoria onírica, que se puede entrenar y desarrollar con el yoga del sueño.

En el mundo onírico podemos registrar episodios enteros de nuestra vida, incluso una vida entera en cuestión de minutos, como cuenta Swami Sivananda en su libro *Filosofía del sueño,* donde un mendigo puede soñar que es rey y un rey soñar que es mendigo, viendo pasar una vida entera en cinco minutos, viendo cómo conoce a su esposa, cómo se casa, cómo tiene hijos, cómo enferma, cómo muere, etc., y todo ello en breves instantes.

No podemos desvincular el mundo de los sueños del estado de vigilia pues uno y otro se retroalimentan mutuamente. El psicoanálisis de S. Freud, C.G. Jung y demás psicoanalistas nos ha hecho ver que los sueños y los estados de vigilia están en permanente relación; nosotros consideramos que son un único mundo con diferentes estados de conciencia.

Podemos añadir, a ese único mundo del sueño y la vigilia, el estado del sueño profundo o del sueño sin sueños y a este mundo único le podemos llamar de «sí mismo».

Los tres estados de vigilia, sueño y sueño profundo, conforman la realidad del «sí mismo» y no son partes ajenas las unas de las otras, pues las unas sin las otras no existirían. Por tanto forman parte de un mismo mundo, de una misma realidad: la realidad de uno mismo. Esto no se puede olvidar; quien lo olvide tendrá la conciencia atrapada tras un velo oscuro, desaprovechando gran parte de su experiencia en la vida.

Podemos investigar en la mitología griega, pues en ella veremos cómo los arquetipos de la psiquis y el mundo onírico forman parte de la tragicomedia de la vida. Y podemos ahondar en los misterios de la vida y la muerte indagando en el *Libro egipcio de los muertos*. Hay que decir que no hay semejanza entre este texto y el *Libro tibetano de los muertos* pues ambos utilizan una simbología diferente, aunque la principal diferencia entre ambos es que el libro tibetano sirve para el despertar de nuestra conciencia, para descubrir cómo se procesan en diferentes estados de conciencia los misterios de la vida y la muerte, mientras que *El libro egipcio de los muertos* parte de la perspectiva del que ya despertó conciencia; de ahí las enigmáticas palabras citadas por Plutarco en referencia a la diosa Isis: «Soy todo lo que ha sido, todo lo que es y todo lo que será, y mi velo nuca ha sido levantado por ningún mortal» (*Los misterios egipcios de Isis y Osiris*). Es decir, que los misterios de Isis o los misterios egipcios son para los inmortales, para aquellos que despertando su conciencia ya conocen la verdad de Osiris-Ra-Padre. Lamentablemente, la sabiduría egipcia no tiene cabida hoy en día; para ello se necesitarían seres ya despiertos, esto es personas que han encarnado en Osiris, señor de los muertos y la resurrección.

De momento, como simples mortales, debemos mejor apuntar hacia *El libro tibetano de los muertos*, que nos resultará más accesible, aunque no por ello será fácil en un principio. Los misterios egipcios se guardaron entre órdenes iniciáticas en Occidente, quedando algunos vestigios que solo unos pocos han mantenido vigentes entre un montón de escombros y desechos, siendo imposible restituir estos misterios con dignidad, a excepción de unos pocos.

3. LA METAFÍSICA DEL YOGA DEL SUEÑO

Si hablamos de iluminación, de realización, de plenitud del Ser, todo ello en relación a nuestra propia conciencia, debemos vivir la experiencia, pues no basta con tener simples propósitos y ocurrencias. El yoga del sueño es una práctica ideal para experimentar el mundo de la psiquis, de nuestra alma, y así adiestrarnos en los misterios de la vida y la muerte sin caer en la especulación.

Aquello que se encuentra más allá de nuestro cuerpo físico es nuestra psiquis, nuestra alma, siendo en el mundo de los sueños donde podremos percibir una realidad metafísica que nos aproxime y acerque a la fuente original del Ser y a lo absoluto.

¿Cómo es el programa del yoga del sueño para que pueda convertirse en una metafísica práctica? Primero hay que recordar los sueños, es decir desarrollar memoria onírica. Una vez se adquiere un buen recuerdo de los sueños, estos se podrán volver lúcidos, y, siguiendo con el yoga del sueño, entonces se pueden manejar y transformar; esto es que la conciencia asuma la experiencia de la realidad psíquica, del mundo onírico y su naturaleza. Finalmente, el yoga del sueño nos llevará a reconocer la plenitud de la luz o auto-conciencia del Ser, pues se nos permitirá vislumbrar nuestros orígenes y nuestra naturaleza y su desarrollo psíquico y físico.

El mundo onírico y sus vivencias con sus sueños y múltiples experiencias se convierte en el mediador entre la realidad física y la espiritual; esta es la «escalera de Jacob» por donde los ángeles suben y bajan al Cielo y a la Tierra, convirtiéndose en un indicador de la actividad y estado del despertar de nuestra conciencia.

La metafísica de los sueños no se queda solo en el pensamiento o en una abstracción de la lógica racional. La metafísica del yoga de sueño inquiere en la mente, investiga la naturaleza de los pensamientos, deseos y emociones, no solo en su plano físico o en estado de vigilia; en el yoga del sueño nuestra actividad psíquica es observada, analizada, comprendida y experimentada en todas sus dimensiones, lo que nos llevará a sumergimos en la psiquis profunda del mundo onírico, y de ahí llegar hasta el sueño profundo o sueños sin sueños, donde la fuente de luz original nos permitirá la comprensión más profunda de nosotros mismos, de nuestro Ser.

La retrospección

El primer paso es recordar todos nuestros sueños. Para ello nuestro vivir diario también debe acompañar la práctica del yoga del sueño: hay que llevar una vida sana, equilibrada, ni demasiado activa ni sedentaria, etc. La habitación para dormir debe estar bien ventilada; también es aconsejable que la cabecera de la cama apunte hacia el norte magnético y procurar no irse a dormir demasiado cansado.

Un ejercicio retrospectivo antes de quedarnos dormidos nos ayudará mucho con el yoga del sueño. La retrospección se inicia revisando lo que sucedió desde el momento en que nos acostamos hasta el momento en que nos levantamos por la mañana.

La aportación y beneficios de la retrospección son los siguientes: primero ejercita la memoria de lo que hacemos durante el día y ello nos ayudará a realizar la retrospección de nuestros sueños. Esta debe iniciarse antes de despertarse del todo, o antes de entrar en el estado de vigilia. Hay que evitar mover el cuerpo o sacudir la cabeza antes de iniciar la retrospección onírica. Con estos ejercicios activamos la memoria onírica.

Son muchos los que han vivido una experiencia cercana a la muerte, ya sea en accidentes o por enfermedades, y que en los mismos instantes de la experiencia en cuestión de segundos o milésimas de segundo han visto pasar toda su vida de forma retrospectiva.

La retrospección es en realidad un proceso natural que nuestra psiquis y nuestra conciencia realizan de modo habitual todas las noches cuando vamos a acostarnos, pero comúnmente lo hacemos sin poner atención. La conciencia viene a repasar todo lo que hemos hecho y lo repite en el mundo onírico; por ello, cuando vamos a acostarnos parece que todo lo acontecido durante el día nos viene de vuelta. Por ello es bueno hacer una relajación o meditación que incluya el ejercicio retrospectivo antes de acostarnos, para que la actividad psíquica no nos aturda y facilite la tarea de la conciencia en el espacio onírico.

La conciencia pretende poner orden en toda nuestra activad física y psíquica, pero para ello requiere un mínimo de atención y dedicación, esto es, de auto-conciencia. En el momento en que el cuerpo se queda dormido se suspenden las funciones físicas y cerebrales, quedando latentes. El quedarse la conciencia libre de toda actividad física y psíquica nos permite reparar y recuperarnos energéticamente, pues en ese estado de sueño profundo o sueño sin sueños reconectamos con la fuente original, donde la energía es pura, limpia, incontaminada. Es como un reiniciarse; se apagan todas las funciones y se recupera de nuevo el sistema operativo sin obstáculos y desde un nuevo impulso vitalizado. Pero esta experiencia no es semejante para todos; cada cual la vive con su particularidad, pues aquellos que practican el yoga del sueño y la meditación contemplativa pueden gozar de una mayor plenitud cuando experimentan el estado de sueño profundo, mientras que las personas que viven una vida agitada y sin demasiado control y orden apenas pueden experimentar el reparador estado del sueño profundo.

Unos necesitan dormir más y otros menos, unos recuerdan sus sueños y otros no, unos los recuerdan en blanco y negro y otros en color, etc. Por tanto estamos hablando de experiencias íntimas personales que se moverán dependiendo de los hábitos de cada cual. Tampoco pretende el yoga del sueño una recuperación física y vital extraordinaria o maravillosa; más bien busca como objetivo ver qué hay más allá de lo corporal, de lo físico. De hecho, dormir se irá convirtiendo en un duerme-vela, y, como decía un yogui tibetano, «hay que dejar de dormir como un animal» para pasar a tener una presencia lúcida en nuestro horario nocturno del sueño.

Hay necesidad de descansar bien, pero no hay necesidad de abandonarse en el dormir; hay que estar relajados a la vez que atentos y vigilantes. Y he ahí el punto que deberemos tener en cuenta, pues la atención o vigilancia debe ser natural, no forzada. Por ello los yoguis aplican la meditación contemplativa como requisito en este yoga, ya sea la meditación *samatha* del budismo o el *trekcho* del *dzogchen*.

El sueño o símbolo iniciador

Después de ejercitarse en desarrollar la memoria onírica y haber alcanzado la capacidad de recordar un buen número de sueños por noche, siendo posible incluso recordar la totalidad de los mismos, aun no siendo fácil el recuerdo completo, ya que esto conlleva un estado de duermevela, uno debe identificar aquellos sueños o símbolos que se le repiten todas las noches. A estos sueños o símbolos que se repiten les denominaremos sueños o símbolos iniciadores, pues pertenecen a nuestro ámbito personal e íntimo, y no estarán exentos de la condición cultural en la que nos hayamos criado y en la que vivamos.

Una buena tarea es ir escribiendo nuestros sueños; tener una libreta de sueños, y cada cierto tiempo repasar qué sueños y símbolos se nos suelen repetir habitualmente. Por ejemplo, nos podemos ver en casa de nuestros padres cuando éramos jóvenes, o acompañados por un conocido, un amigo, un maestro, un familiar, un objeto, un animal, etc. Cada cual tendrá que recordar y ver qué sueños, qué símbolos, como pueden ser el mar, la montaña, águilas, caballos, etc., se le repiten. Todo ello formará parte de su particularidad, de su idiosincrasia.

Una vez se identifique el sueño o símbolo iniciador, entonces podremos pasar a la siguiente fase del yoga del sueño.

Luz de revelación

Identificado el sueño o símbolo iniciador, pasamos a poner una mayor atención a cuándo surge este sueño o símbolo; ponemos mayor atención siendo conscientes de que en nuestro sueño nuestro símbolo servirá como centro de referencia para centrarnos y aumentar nuestra lucidez.

Si conseguimos darnos cuenta lúcidamente de que estamos en el sueño o con el símbolo que se nos repite, alcanzaremos el estadio dentro del yoga del sueño de la «luz de revelación». Entonces podremos aprovechar estos sueños y símbolos iniciadores para obtener sueños lúcidos. Es decir, ser conscientes de que estamos soñando.

Hay personas que poseen cierto psiquismo y que con frecuencia tienen esos sueños repetitivos, lo que las familiariza con el mundo onírico, permitiéndoles tener sueños lúcidos con mayor facilidad.

Existen muchos y diferentes ejercicios que nos ayudan a tomar conciencia de nuestros sueños que se practican en el estado de vigilia para que luego repercutan en el mundo de los sueños. Estos ejercicios procuran cambiar algún hábito mecánico, rutinario de nuestras vidas, con la intención de que nos recordemos a «nosotros». Estos ejercicios son sencillos, como cambiarse el reloj de muñeca, como sentarse a comer en otro lado o lugar del habitual, caminar hacia atrás, volver por el lado contrario al que solemos utilizar. La cuestión es romper algún habito o rutina con la intención de que prestemos mayor atención a nuestra vida cotidiana. Cuando nos hemos cambiado el anillo o el reloj del lugar habitual por unos instantes permanecemos un tanto más atentos y de paso recordamos que, si eso estuviera sucediendo en nuestros sueños, es decir que en nuestros sueños viéramos algo extraño a lo habitual, entonces tendríamos que tomar mayor conciencia del sueño.

Estos ejercicios de cambio de hábitos, más el hecho de recordar nuestro sueño o símbolo iniciador, nos ayudarán a tener sueños lúcidos. Es un juego o trabajo de acrecentar la atención y alcanzar así la luz de la revelación.

Son muchos los ejercicios que nos pueden valer. Los chamanes hacen ejercicios como andar hacia atrás con ayuda de un espejo, estar atentos a su respiración o a todo lo que les rodea procurando una visión panorámica, fijar la atención en los colores, en los animales e insectos que surgen a su alrededor, etc. La cuestión es aumentar el estado de atención. Los onironautas de la *New Age* también realizan ejercicios como mirarse las manos atentamente antes de quedarse dormidos, etc. Los ejercicios que se pueden hacer son muchos, y entre ellos, por ejemplo, aprovechar cualquier circunstancia que se salga de lo normal y habitual, como pueda ser el que aparezca un payaso o unos músicos en medio de un restaurante, para en ese momento, con capacidad de asombro y aumentando la atención, tirarse del dedo o incluso dar un pequeño salto para ver si estamos soñando o estamos en estado de vigilia. Estos ejercicios suelen dar buenos resultados y nos sirven como testimonio de esa rica vida interior u onírica.

Luz de aumento

Este estadio del yoga del sueño se alcanza con la práctica y la constancia; de algún modo nuestro diario vivir y nuestras prácticas nocturnas deben ir consolidando una visión más realista de la vida, esto es, darnos cuenta de que nuestra existencia es un sueño.

Las prácticas nocturnas se pueden hacer a medianoche, en la madrugada y con carácter previo al amanecer. Pueden ser muy variadas, ya sea trabajando con los chacras, con los mantras, con la meditación zen o contemplativa, la oración, etc. El objetivo de la práctica es sencillamente acrecentar la atención.

Las prácticas no deben de ser rutinarias o monótonas, pues inducirían a que la mente se espesara y durmiera. La intención es mantenerse en alerta a pesar del sueño. A esto nos ayudará mucho el hecho de sublimar las emociones, por ejemplo, haciendo prácticas de compasión como el «Tong Len», la práctica del «recibir y el dar», una práctica del viejo Tíbet donde se resumen la inmensa mayoría de los ejercicios meditativos, pues su esencia es la compasión y el despertar del *bodichita,* de los que ya hemos hablado. Consiste en recibir el sufrimiento de los demás y dar lo mejor de uno mismo. En el budismo tibetano se combina con la respiración; cuando se inhala se recoge el sufrimiento de los seres sufrientes, se retiene la respiración transmutando el sufrimiento en luz, que al exhalar se envía a los que siguen atados a su sufrimiento. Esta práctica requiere cierto aprendizaje, adiestramiento y sobre todo una conciencia compasiva. Pero podemos utilizar cualquier ejercicio que nos permita sublimar las emociones negativas en positivas, como se pretende con determinados mantras u oraciones, siendo también ideal un buen trabajo con los chacras si lo acompañamos de la emoción de sublimar y purificar.

Ser capaces de transformar las emociones en nuestra práctica y diario vivir tiene una repercusión fundamental y casi inmediata en nuestros sueños. Con nuestras emociones se generan nuestros apegos y deseos, lo que ello conlleva de sufrimiento y *karma*. Las emociones deben ser sublimes e inteligentes; tienen que cargar en sí mismas los valores y virtudes capaces de llevar luz, iluminación, que nos permitan no solo sobrellevar la existencia, sino que esta sea enriquecedora, transformadora y suponga una profunda realización de lo que es «saber vivir».

Tanto las enseñanzas del *Bardo Thödol* como las del yoga del sueño nos hablan de diferentes luces, siendo la cuarta luz la que reunirá a la Madre Clara Luz con su hijo. Por tanto, la práctica debe ir orientada hacia ese reencuentro entre madre e hijo, familiarizándonos con la luz de la conciencia y procurando aumentar nuestra propia lucidez, lo que implica tener inteligencia emocional. Hace ya varias décadas me enseñaron que los yoguis en Oriente consideran que en realidad pensamos con el bajo vientre, esto es, que nuestras emociones prevalecen y se superponen a nuestros pensamientos o proceso racional. Lo adecuado es que emociones y pensamientos, o raciocinio, estén equilibrados en su punto justo de luz y comprensión.

Ciertamente podemos documentarnos e investigar sobre el yoga del sueño con Tenzin Wangyal Rimpoché o con

Chögyam Namkhai Norbu, y con los diversos maestros de cada escuela del budismo vajrayana que existen en las diferentes escuelas del viejo Tíbet. En todas estas enseñanzas veremos la importancia del trabajo con las emociones. Estas enseñanzas anteceden a lo que hoy en Occidente se denomina inteligencia emocional y que Daniel Goleman describió en su *bestseller Inteligencia Emocional* en la década de los noventa. Lo interesante de la tradición indo-tibetana es la efectividad práctica de nuestra tarea con las emociones, que como resultado se evidencia y refleja en nuestra actividad onírica y en la lucidez de nuestros sueños; por ello podemos hablar de una metafísica práctica del yoga del sueño.

«La luz de aumento» es el resultado del trabajo psicológico con nuestras emociones, en busca de una inteligencia emocional que nos muestre los valores idóneos de nuestro existir, que se verá reflejado en nuestro vivir diario y en nuestra vida onírica.

Las emociones son plásticas, dúctiles, cambiantes, flexibles, a semejanza de nuestros sueños. La cuestión es comprender y manejarlas con los valores que nuestra conciencia en potencia contiene. Si somos conscientes en nuestro vivir diario de que nuestra ira o cualquier emoción es pasajera y que tal estado emocional se puede cambiar por otro estado y otra emoción superiores, podremos ir cambiando y transformando nuestros estados psíquicos, dando mayor profundidad y amplitud a nuestra conciencia del «saber vivir». Esta amplitud y profundidad se verán reflejadas en nuestros sueños.

Luz de realización inmediata

En la medida en que avancemos en el yoga del sueño, trabajando con nuestra atención, hábitos, emociones y pensamientos, llegará el momento en que accederemos a la «luz de la realización inmediata». En esta fase podremos modificar nuestros sueños, es decir, no solo podremos ser más conscientes y lúcidos en los mismos, sino que podremos dominar su naturaleza plástica y dúctil. Podemos ser atacados por un tigre o león, y siendo lúcidos con nuestras emociones oníricas y sus imágenes transformar el feroz animal en un manso y agradable felino.

Expondré dos relatos oníricos vividos en carne propia para mayor comprensión:

Primer relato: *«Exposición de conferencia sobre el yoga del sueño ante el lama y su séquito».*

Me encontraba en un salón de un recinto cultural. El salón era grande, y mientras me preparaba la conferencia que iba a impartir sobre el yoga del sueño, el aula se iba llenando, alcanzando un momento en el cual estaba repleta, llena de gente. Cuando indiqué que íbamos a dar comienzo a la conferencia, entró un lama, un maestro budista con su vestidura y su séquito de monjes (entre cinco o seis monjes). El lama tenía rostro occidental y se sentaron en primera fila delante de mí. Aquello me emocionó mucho y pensé que debía dar la talla ante tanto público y ante un maestro budista.

En cuanto empecé a dar la conferencia, sucedió que en aquel recinto cultural apareció un camión de mudanzas y empezaron a poner y quitar muebles, cuadros, trastos, etc. Sorprendido por ese hecho y viendo que aquel acontecimiento imposibilitaba el poder dar la conferencia en el salón, sugerí salir a jardín.

Salimos al jardín con el propósito de reiniciar la conferencia; era bastante amplio y nos sentamos sobre el suelo. El lama y su séquito se sentaron frente a mí, pero vi que el público había menguado bastante; quedaba como la mi-

tad de gente. Entonces me dispuse a continuar, y cuando di inicio a la conferencia empezó a llegar gente al jardín, poniéndose algunos a hacer deporte y ejercicio con instrumentos y música. Aquello me pareció desconcertante; allí en el jardín tampoco podíamos dar la conferencia, lo que hizo que mi estado emocional se alterara. De todos modos no quería desistir, por lo que sugerí entrar en un hotel allí cercano. Pedimos permiso al regente del hotel y nos prestó sin problemas el hall del hotel. Entonces nos sentamos y allí seguían el lama y su séquito, pero apenas quedaba un pequeño grupo de público. Me dispuse a reiniciar de nuevo el tema y cuando empecé, ¡caray! llegó un autobús lleno de gente para alojarse en el hotel. El hall se llenó de gente y personal del hotel. Allí se hizo imposible también dar la conferencia.

Me levanté y rogué al regente del hotel que nos cediera un pequeño salón o despacho donde poder seguir con la conferencia. Sin problemas el regente nos proporcionó dicho despacho. Entramos y me senté detrás de la mesa. A aquel despacho solo acudieron el lama, su séquito y un par de personas del público. Cuando me disponía a dar la conferencia una vez más, era tanto lo que me había alterado todo lo acontecido y que no llegaba a entender, más la decepción de haber perdido prácticamente a todo el público asistente de un principio, que de pronto me puse a llorar y a lamentarme.

Sin embargo, me fijé en que el lama no había perdido su bondadosa sonrisa.

En esta experiencia onírica me hicieron ver que aún me quedaba trabajar mucho mis emociones, que aún me quedaba mucho por aceptar de las circunstancias y los cambios de la vida tal como vienen. Fue una experiencia que me dio para reflexionar mucho.

Segundo relato: «*El miedo y la transformación del toro*».

En mi juventud, en la década de los 80, me introduje en la tarea de la meditación y del yoga del sueño; mi primer propósito fue erradicar mis miedos y complejos. Llevé un trabajo duro conmigo mismo, dejé de tener autocompasión y mi transformación llegó. Como suelo decir a veces, el miedo tuvo miedo de mí, pues era tal mi decisión de erradicar mis temores que en cuanto sentía el miedo o un preludio de miedo interior con su típico cosquilleo me lanzaba sin pensarlo a hacer lo contrario de lo que él me proponía. Fue una época donde hice bastante el ridículo, pero no me importaba con tal de que el miedo y el temor se desvanecieran. Bien, esa transformación se vio reflejada en mis sueños, que anotaba puntualmente.

El miedo se reflejaba en mis sueños en forma de un toro bravo persiguiéndome; sabemos que este es un sueño bastante típico. Poco a poco, con el paso de los días, en vez de huir del toro se plantaba delante mío para esquivarlo, ya para enfrentarme a él. Con la continuidad de mi propósito de eliminar el miedo y aspirar a ser una persona normal y sin complejos, llegó el momento en que probándome a mí mismo cada vez que sentía temor alcancé cierta serenidad y tranquilidad interior. Ello se vio reflejado en mis sueños con el toro ya manso, un toro que, aunque grande y negro, ya no me espantaba e incluso me dejaba acercarme a él. Finalmente, el proceso terminó cuando el toro ya se veía manso y de color blanco, con una pequeña barbita que me permitía acariciar.

El símbolo del toro como representación de nuestro ego es universal; lo vemos en los mitos griegos, egipcios, asiáticos, etc. siendo lo maravilloso de los sueños el que nos informan sobre nuestros procesos de trabajo con nuestro ego[3].

La luz de la realización inmediata en el yoga del sueño nos instruye para comprender cómo es la realidad de nuestra psiquis, de nuestra mente, y por tanto de nuestro mundo onírico. Ni la mente, ni la psiquis, ni las emociones, son rígidas o estáticas. La naturaleza de nuestra alma es plástica, dúctil y maleable, y ello se muestra de un modo más eficaz en el mundo onírico. Llegado el momento podremos ver cómo los sueños pueden transformarse y cambiarse a voluntad en cierta medida.

Lo que nos permite esta experiencia de la luz de realización inmediata es comprobar que nuestras emociones pueden ser transformadas prácticamente de modo inmediato y de modo lúcido o consciente, lo que permite que nuestra experiencia en la vida sea rica en valores y capacidades, puesto que ser conscientes de que el ego no es rígido ni inamovible, sino que lo podemos conocer, transformar y domar, como sucede en los mitos sobre el toro, da y proporciona luz a nuestras vidas.

Sin embargo, el yoga del sueño va un poco más lejos que el psicoanálisis en relación a lo práctico o vivencial, pues se adentra y penetra en la misma naturaleza de la psiquis y la mutabilidad de la misma, pudiendo transformar a mejor toda nuestra alma, no solo en la esfera abstracta del pensamiento, sino también en cuanto a su energía y corporalidad o naturaleza.

---

3   Lo que en la psicología de C.G. Jung se conoce como «proceso de individuación» se ha relacionado con el mito zen de las diez pinturas del toro, comentado por Alejandro Igor Oyarzum y otros psicólogos junguianos. En esas diez pinturas en busca del toro se ve la transformación del ego y del individuo.

«Turiya», el cuarto estado

Nos queda referirnos a la cuarta luz del yoga del sueño, denominada «reencuentro del hijo con la Madre Clara Luz». Alcanzar esta experiencia y establecerse en ella requiere de la iluminación o del llamado estado de *turiya*, que significa cuarto estado, siendo equiparable al estado de *nous* de la antigua Grecia. *Turiya* viene del yoga hindú y la filosofía advaita y representa el estado de iluminación de aquel que alcanzó plena conciencia objetiva de toda su naturaleza externa e interna, física y psíquica, con lo cual su alma y su espíritu quedaron iluminados como los de un buda.

Llegados a este punto las palabras quedan limitadas, pues nuestra naturaleza esencial, la luz sin sombra, es indefinible. Carece de formas, carece del apoyo de los sentidos, tanto físicos como psíquicos, es un estado donde la propia conciencia se sostiene a sí misma sin apoyo alguno. La naturaleza del Ser en este cuarto estado goza de todas las potencias y virtudes sin contaminación; ahí hay pureza, esencia de valores, esto es paz, libertad, equidad, compasión, etc.

La «Madre Clara Luz» del yoga del sueño surge en el «bardo o tránsito de la muerte», siendo que, en la experiencia o «bardo de la muerte», esa luz nos permite experimentar el «bardo o tránsito de la verdad en sí». Esta «verdad en sí» es una verdad absoluta, incontaminada, es luz sin sombra donde no hay impurezas, ni objetos por disolver que puedan hacer sombra, un «espacio abstracto absoluto» que le hace indefinible.

Pero hay algo cierto. Tal estado de *turiya*, donde el hijo encuentra a la Madre Clara Luz, es la presencia o testigo siempre presente. El testigo fiel o presencia atemporal es nuestro «Alfa y Omega», nuestro principio y final, que nos acompaña en todo nuestro ir y venir por el tapete de la existencia o rueda del *samsara*, rueda de nacimientos y muerte.

Tal testigo está presente en el estado de sueño profundo o sueño sin sueño, y sigue presente en nuestro estado de sueño, y continúa presente en nuestro estado de vigilia, convirtiéndose en espectador de todas nuestras transformaciones. Este testigo es nuestro Ser, que en su presencia inmutable observa todos nuestros aconteceres, cambios, transformaciones, renovaciones, muertes y nacimientos que se producen en una misma existencia humana o en sucesivas.

En cierto modo existe un paralelismo entre el encuentro del hijo con la Madre Clara Luz y la parábola de los Evangelios del «hijo pródigo» que regresa a casa de su padre después de largo tiempo perdido entre los sinsabores de la existencia mundana. Regresar a la casa de nuestro Padre o reencontrarnos con la Madre Clara Luz viene a ser una misma cosa; lo interesante es comprender que en el estado de *turiya,* el padre o la madre nos dan el amparo de nuestro estado original, ese estado incontaminado, fuente de la más pura y sublime energía de la vida.

El vacío, la nadidad y la unidad

Las escuelas de meditación contemplativas tanto de Oriente como de Occidente nos hablan del vacío o nadidad, o como decía el maestro Eckhart de Hochheim, (1260) del desasimiento. Este arte y ciencia de la contemplación –arte porque nos ayuda a moldear el alma, y ciencia porque nos da la objetividad sobre nuestra propia conciencia– nos permite acercarnos a la luz sin sombra, al estado de *turiya.*

Uno, después de lo dicho en relación a esa luz sin sombra o al «espacio abstracto absoluto», puede preguntarse ¿cómo se sostiene uno en tal estado de conciencia o iluminación sin apoyo alguno, sin forma alguna, sin sentidos corporales o psíquicos? Es decir, ¿cómo puede uno vivir en la nada absoluta? En realidad, la «nada» simplemente no existe, puesto que «la misma nada se extingue a sí misma». El espacio abstracto absoluto, donde la «luz increada» pura e incontaminada mora, siendo fuente y origen de espíritu y materia, es pura conciencia, pura presencia, un testigo atemporal o eterno; por ello es luz increada o conciencia auto-sostenida. Sin embargo, se vincula al «vacío» o la «nada» porque es indefinible, no estando sujeta a medida alguna, ni a peso, ni al tiempo, ni a ningún tipo de cosificación.

El secreto de la «luz increada» y de la conciencia auto-sostenida es lo que podemos llamar «conciencia cósmica», es decir, una conciencia universal que todo lo abarca; es como si nosotros fuéramos «una simple gota dentro del océano de la vida libre en su movimiento» y nos sumergiéramos de pleno en tal océano, diluyéndonos en toda su inmensidad, de modo que al diluirnos en la inmensidad del océano de la vida nuestro pequeño ego o individualidad desaparece para sentirnos «Uno en Todo». Lo que hace posible permanecer en este estado de conciencia es aquello que unifica, aquello que integra, la compasión, es decir el Amor.

Por tanto, el secreto de la contemplación, de la iluminación, de la realización, aquello que nos puede llevar a la fuente suprema de la luz, es el Amor.

Este es el poder superior de los místicos, los *bakty-yoguis* o yoguis devocionales, ya que su vía y su línea de trabajo van directas hacia el Amor.

Materia y espíritu

Hemos dicho que la fuente original del espíritu y la materia es la luz increada, que mas allá de lo definible abarca un espacio abstracto absoluto. Dicho esto, planteamos lo siguiente: cuando nos encontramos en el estado de vigilia pensamos que lo objetivo, lo cierto, es aquello que vemos, medimos, pesamos, etc., es decir, el mundo de las formas materiales. Estamos plenamente convencidos de que dicha realidad es tangible, palpable, perceptiva, pero cuando nos dormimos y entramos en el mundo onírico nos viene a suceder lo mismo: vivimos los sueños como algo verdadero, como algo real y cierto, de modo que si nos persigue un animal furioso huimos desesperados, o cuando tenemos un sueño placentero lo disfrutamos vivamente. Sucede entonces que cuando despertamos del sueño decimos: «¡Caray, era una fantasía, era irreal, un simple sueño...!», pero mientras nos encontrábamos en él lo vivíamos como real, como cierto; podemos decir que era tan real y objetivo como la vida en estado de vigilia.

La pregunta ahora es ¿por qué discriminamos el estado de sueño en relación con el estado de vigilia? Porque pretendemos darle mayor validez a lo material y caduco, a lo compuesto que se descompone que a la realidad onírica. La respuesta general sería que en el estado de vigilia somos más conscientes y que hay personas que ni siquiera recuerdan los sueños, y por tanto lo objetivo es el estado de vigilia; pero viene bien ahora recordar el relato del filósofo taoísta Zhuang zi, quien soñó que era una mariposa, siendo el sueño muy vívido, de tal modo que cuando despertó se preguntó a sí mismo si era un hombre que había soñado que era una mariposa o una mariposa que estaba soñando ser un hombre. No podemos negar la realidad del estado onírico y más cuando la vivimos todas las noches.

El yoga del sueño puede dar una consistencia real a nuestros estados oníricos, nos puede llevar a tener sueños lúcidos y más allá, a poder transformar las formas oníricas. Cuando nos encontramos en el estado de vigilia nuestra percepción es del mundo celular, mientras que y cuando estamos en el mundo de los sueños nuestra percepción es molecular. Son dos estados de conciencia y percepción diferentes, siendo evidente que cuando entramos en el estado de sueño profundo nuestra conciencia va más allá del mundo molecular, dejando atrás la espesa materia para introducirse en el mundo atómico o subatómico. Ni el mundo molecular, ni el mundo atómico se pueden percibir del mismo modo que el mundo celular, pero no por ello dejan de ser objetivos, reales, puesto que los experimentamos todas las noches durante toda nuestra existencia. ¿Podría ser el plomo más objetivo y real que el hidrógeno sencillamente porque este tiene mayor densidad atómica? ¿Puede ser el estado de vigilia más real que el mundo onírico sencillamente por ser más pesado, más denso? La verdad es que no. Lo cierto es que el mundo de los sueños es tan real como lo es el estado de vigilia. Pero lo interesante de la metafísica del yoga del sueño es que, aparte de mostrarnos una realidad más profunda de nosotros mismos, también nos acerca a la fuente de nuestros orígenes, a aquello que podemos llamar espíritu. Dicho espíritu, puede interpretarse de muchas formas diferentes, siendo la parte más sutil de la materia y la materia la parte más densa del espíritu. Porque precisamente el mundo onírico o psíquico, o lo que denominamos alma, es el estado mediador entre la materia y el espíritu.

Nuestro Ser viaja y experimenta la vida entre los estados de vigilia, de sueño y del sueño profundo. La realidad de nuestro Ser es permanente; él siempre está presente como un testigo fiel, él es la misma presencia que observa continuamente, perpetuamente, todos los diferentes estados de conciencia. Por tanto, y debido a ello, el Ser es lo real, lo auténtico, lo inmutable. Y en la conciencia del Ser, descubrimos el cuarto estado de conciencia, el de *turiya*.

El Ser, la presencia que todo lo observa, está más allá de la materia y el espíritu; por ello es conceptualmente inconcebible. Su naturaleza, como hemos dicho, es incontaminada, trasciende lo temporal, permanece por siempre.

«Samsara», la rueda de nacimientos y muertes

Es sorprendente, cuando uno estudia la filosofía hindú y el budismo en profundidad, reparar en que los grandes maestros de estas corrientes espirituales nos dicen que hay que trascender la rueda del *samsara* o rueda de nacimientos y muertes. Pero lo más sorprendente es que en dicha rueda de la existencia hay seis reinos: 1. Los *narakas* o demonios; 2. Los *pretas* o espíritus hambrientos; 3. Los animales; 4. Los hombres; 5. Los titanes o semidioses; y, 6. Los mismos dioses. Hay que evitar incluso renacer en el mundo de los dioses, lo que equivale a trascender lo material y lo espiritual. Esta cuestión se plantea con claridad en *El libro tibetano de los muertos*. En este libro se le advierte al difunto que puede extraviarse y perder la oportunidad de reconciliarse con su origen y destino al alejarse de la luz sin sombras si se deja llevar por la luz tenue, pálida o grisácea que corresponde al mundo de los dioses.

¿Por qué evitar el mundo de los dioses? ¿Cuál es la razón? La intención es mantenerse en la luz clara e increada porque se trata de dejar de soñar, esto es, dejar de tener ilusiones vanas. En realidad, nuestros sueños e ilusiones son estados de conciencia condicionados y limitados por nuestras propias concepciones; esto es, nuestro mundo y la forma de verlo e incluso de percibirlo, condicionado por nuestras propias limitaciones, que son nuestros conceptos, sentimientos, creencias, dogmas, etc. Por ello los maestros que nos precedieron en realización e iluminación insisten y vuelven a insistir en que despertemos para ver la realidad en su más crudo realismo.

Debemos entonces despertar hasta llegar a nuestra fuente original, hasta alcanzar la plena realidad de nuestro Ser, para poder comprender nuestra naturaleza esencial y ver nuestras opciones plenamente, sin condicionamientos, prejuicios o falsas formas de concebir la realidad. Así, el yoga del sueño se debe convertir en el yoga del despertar. Cuando se despierta la conciencia, la realidad aumenta, y si despertamos en la totalidad y como una gota de agua nos sumergimos en el inmenso océano de la vida universal, entonces los límites son abolidos, mientras que las opciones y posibilidades se abren en toda su plenitud.

Por ello hay que dejar de soñar, esto es, dejar de confundir e ignorar las tres realidades que nos envuelven constantemente en el estado de vigilia, el estado de sueño y el estado de sueño sin sueño o sueño profundo. Alcanzar el estado de *turiya* equivale a trascender, mediante la comprensión y la experiencia, las realidades de los tres estados.

4. EL MEDIDOR DE LUZ

Hay dos modos de despertar nuestra conciencia: una de modo progresivo y otra espontáneamente o de modo súbito. En Occidente tendemos a buscar una forma progresiva de despertar la conciencia, esto es, poco a poco, de modo gradual, basándonos en un programa, con una estructura, etc. Por tanto, el modo súbito, espontáneo o directo que plantean algunas escuelas y maestros en Oriente a los occidentales nos resulta un tanto extraño y extravagante. Por ejemplo, el budismo zen plantea ese despertar súbito, y sobre todo la escuela Rinzai, que trabaja con los *koan* o frases enigmáticas que pretenden hacernos salir de la mente ordinaria y sus condicionamientos. Pero hay que ver que el propio zen trabaja con constancia marcando una intensidad que va calando progresivamente hasta que el alumno llegue al punto donde su conciencia pueda emanciparse, liberarse y despertar súbitamente Por tanto, lo progresivo y lo súbito se complementan.

Cada escuela o tradición tiene su propia metodología, que nos llevará de un modo más rápido o más lento hacia el despertar de la conciencia. Dicen que todos los caminos espirituales llevan al mismo sitio, pero lo cierto es que todos los caminos solo pueden dirigirse allí si lo hacen correctamente, hacia el camino del conocimiento de uno mismo.

Hay determinados riesgos y ventajas tanto en el camino progresivo como en el espontáneo o súbito. En el camino progresivo el riesgo es precisamente la lentitud. Esa lentitud hace que veamos el camino muy cuesta arriba, que veamos las dificultades del camino como una constante, lo que nos puede traer el estancamiento y con ello el conformismo, aparte de confusión, ya que parece que el fin nunca se alcanza, lo que puede frenar todo nuestro progreso. Las ventajas del camino progresivo son buenas para los principiantes: dan orientación, permiten adaptarse gradualmente a los cambios de conciencia y nos proporcionan estabilidad.

El peligro de la iluminación súbita es creer que se está despierto e iluminado por haber vivenciado una experiencia cumbre cuando en realidad no se está ni despierto ni iluminado, porque la conciencia aún no se ha estabilizado en el nivel de la experiencia cumbre, ni en su propia naturaleza original. Entonces hay riesgo de caer en la mitomanía y creerse un gran maestro. Eso demuestra ignorancia y extravío. Las ventajas de la iluminación súbita son que nos permite un trabajo de orden superior, nos da claridad, certeza y fe como experiencia.

Las dos formas de alcanzar la iluminación, tanto la progresiva como la súbita, se puede complementar inteligentemente, siendo importante en ambas la estabilidad. Por ejemplo, se puede experimentar el «vacío iluminador» saliendo de los límites de nuestro pequeño «yo» para sumergirnos dentro de la conciencia cósmica, pero después de dicha experiencia uno quedará de nuevo confinado en su pequeño «yo», por lo que no se habrá alcanzado realmente la plenitud ni la estabilidad de la experiencia del «vacío iluminador». Así, podemos diferenciar entre vivencias o experiencias de la iluminación que vienen y van en el proceso del camino, mientras que otra cuestión es la realización, donde la conciencia se va estabilizando en diferentes niveles o estadios de la luz.

Pero ¿qué es la iluminación? Es recomendable leer el libro *Qué es la iluminación*, editado por John White, con la cooperación de los autores Alan Watts, Aldous Huxley, Sri Aurobindo, Jiddu Krishnamurti, Ken Gilbert, Roger Walsh,

Richard Bucke, Evelyn Underhill, Gopi Krishna, Da Free John, Dane Rudhyar, Huston Smith, Lex Hixon, Allen Cohen y Meher Baba. Pero aun con este libro no se alcanza a describir la plena iluminación, que por su naturaleza es indescriptible, aunque sus comentarios nos dan referencias de la tradición y la revelación que cada uno de ellos experimentó respecto a la misma.

La iluminación se describe como una conciencia cósmica o universal que nos lleva al conocimiento de uno mismo. Es una integración de «Uno en el Todo», de uno mismo en la conciencia cósmica. Se experimenta la unidad, por lo que el pequeño «yo» ordinario en el que solemos vivir se disuelve. De modo que la tradición nos habla de una «unidad no dual», lo que significa que disolviendo el «yo» o la limitada individualidad desaparecen el «tú» y el «yo», desaparece la dualidad de lo contemplado y el contemplador. La «Unidad con el Todo» que se experimente equivale a tener conciencia del amor que todo lo une. Por ello el ejemplo y virtud de todo maestro o iluminado son la compasión y el amor.

El yoga del sueño como medida de la iluminación

El yoga del sueño nos permite ver nuestros progresos en el camino de la iluminación, nos sirve de medidor de la conciencia. Con el yoga del sueño podemos comprender la relación y los vínculos entre los diferentes estados de conciencia: vigilia, sueño y sueño profundo.

En la iluminación debemos descubrir la naturaleza y composición de los sueños, es decir hay que entender los sueños desde origen primario y cómo se vienen a desenvolver junto a toda la realidad que nos circunda, ya sea en la vigilia, en el sueño, o en el estado del sueño sin sueño. Las naturalezas corporal y psíquica se vinculan permanentemente y tienen su correspondencia y analogía. Así, los sueños responden a nuestras vivencias en la vigilia y nuestro sueño nocturno en su estado de reposo se acerca a nuestro estado primario, original, fuente de vida y renovación.

Las tres cualidades universales en la tradición hindú se denominan *gunas*, y son llamadas *sattva* (pureza), *rajas* (emoción) y *tanas* (inercia), y están en relación con los tres estados de conciencia. Estas tres cualidades son vistas de diferente modo en cada tradición o cultura. Así, en la siguiente tabla encontramos las correspondencias al respecto:

BUDISMO	CÁBALA	CRISTIANISMO	HINDUISMO	ASTROLOGÍA	ESTADO	CUALIDAD
Dharmaka-ya	Pensamiento	Padre	*Sattva*	Cardinal	Sueño profundo	Pureza
Sambho-gakaya	Palabra	Hijo	*Rajas*	Fijo	Sueño	Emoción
Nirma-nakaya	Acción	Espíritu santo	*Tanas*	Mutable	Vigilia	Inercia

Es por tanto indispensable comprender nuestra naturaleza y cómo se compone y descompone esta, cómo surge y se diluye, cómo viene la vida y cómo va a la muerte, porque en ese ir y venir nuestra conciencia debe ir escalando la escalera de Jacob para ir del caos a la sabiduría que el propio cosmos sustenta en todo su espacio. Ese ir y venir de lo inmanifestado a lo manifestado, de la vida a la muerte, del despertar al dormir pasa por los tres estados de conciencia citados y quien comprende sus vínculos, correspondencias y analogías despertará y se iluminará con plenitud.

El yoga del sueño se convierte en un medidor de nuestro progreso en el camino del despertar de la conciencia, puesto que nos permitirá comprender y actuar en base y en función de las cualidades mismas del universo que nos llevan al sueño profundo, al mismo sueño y al estado de vigilia.

Adentrarnos en nuestro mundo onírico es ver de un modo más profundo y claro nuestra realidad psíquica; y una vez conozcamos esta, nos podremos adentrar en nuestros orígenes, en nuestra fuente de vida, en lo que en esencia somos alcanzando la plenitud del Ser.

Nuestro medidor onírico, que nos mostrará nuestro proceso de despertar de la conciencia, deberá estar bien reglado. Para ello deberemos ir dejando de lado toda nuestra subjetividad, es decir, dejar aquello que nos impide ver con claridad nuestra naturaleza «tal como es». Para ello sirve la práctica de la contemplación y el silencio.

Tenemos que dejar las supersticiones respecto a los sueños, pues los buenos y los malos sueños no son determinantes; es decir, los sueños no tienen por qué cumplirse, tanto si son buenos como si son malos, aunque los sueños sí nos advierten de cómo estamos condicionados, de cómo es nuestra situación, tanto física como psíquica. Una vez vistos nuestra situación y condicionamientos entonces ya es tarea nuestra modificarlos.

Los sueños proféticos se producen porque la conciencia intenta organizar el puzle desordenado de nuestra psiquis y poniéndolo orden nos advierte de nuestras tendencias, tanto individuales como colectivas, y en ese punto puede sincronizar con eventos concretos que se pueden dar.

Los arquetipos oníricos, los símbolos con los que nuestra realidad nos habla en sueños son modificables, como ya hemos dicho, lo que en un principio puede aterrorizar pero que con el tiempo y un buen trabajo sobre uno mismo se vuelve amistoso. Por ello los sueños no tienen por qué ser determinantes: siempre estará en nuestras manos cambiar tanto nuestros condicionamientos como nuestras perspectivas, patrones, parámetros, etc.

Si algo nos concede la luz o iluminación de nuestro ser es libertad, ya que mientras nos movamos en base a hábitos, prejuicios, temores, deseos egocéntricos, etc. nuestras limitaciones nos dejarán perspectivas muy estrechas. El yoga del sueño nos permitirá ver cómo somos artífices de nuestros cambios psicológicos. Cuando llegamos a nuestra fuente original del Ser ya tenemos mucho camino despejado; y si continuamos nuestro camino el reencuentro con la paz, la serenidad, la estabilidad y el amor ecuánime darán paso a la libertad de aquel que sabe y ha obtenido la clarividencia, que, como diría mi maestro, es el «translúcido del alma».

El camino intuitivo

Cuando se inicia la maravillosa aventura de conocerse a uno mismo se siente uno perdido como Ulises en su *Odisea*; anda uno perdido entre los mares desconocidos de nuestra psiquis encontrándose con situaciones y circunstancias que pueden hacer que se derrumbe, colapse, o sencillamente se rinda y se deje llevar.

La vida, como indican Ken Wilbert y Andrew Cohen, se mueve entre los dioses Eros y Tanatos, es decir, entre el impulso creador y la muerte, viendo la muerte como incentivo de renovación. El vivir la vida con intensidad nos lleva finalmente a conocernos a nosotros mismos, y como alguna vez he dicho, «hay que conocerse a uno mismo hasta las últimas consecuencias». Y decimos esto porque la aventura de conocerse a uno mismo no está exenta de riesgos, como los que vivió Ulises. Los riesgos son nuestros propios límites, nuestros miedos, apegos, y todos aquellos valores negativos y también positivos que aún no hemos madurado.

Queda en nuestras manos determinar cómo andar este camino y he ahí el interés por desarrollar nuestro medidor onírico, que se gestionará según vivamos nuestro proceso del despertar.

En un momento determinado de mi vida tuve el siguiente sueño:

Me vi en un aula con otros alumnos y frente a nosotros a unos maestros que nos estaban mostrando por un gran ventanal una montaña. Tenía una ladera por un lado y por otro una pared vertical. Los maestros estaban indicando cómo poder subir por la montaña, comentando las ventajas y desventajas de subir por la pared vertical o por la rampa de la ladera. De repente me veo escalando por la pared vertical y subiendo hasta llegar arriba. Allí me encuentro de nuevo con los maestros; yo estaba muy contento por haber llegado a la cumbre y en esos momentos no caí en la cuenta de lo que me habían dicho los maestros, pues allí me indicaron que existía una tercera forma de subir a la cumbre y esta era un túnel interno que iba desde el aula hasta la propia cumbre.

Es obvio que para escalar la cumbre hay que hacer un esfuerzo, bien sea por la ladera de un modo más cómodo pero más lento, o bien por la pared vertical de modo más rápido pero con mayor esfuerzo. Y en la experiencia onírica se me pasó por alto la tercera vía interior, que fui descubriendo en mi proceso del despertar. Esta tercera vía, la vía intuitiva, permite descubrir y saber lo que es el Ser, es decir, la montaña simbólica que nos permite acceder de modo natural y de forma súbita o espontánea a un trabajo sobre nosotros mismos; lo único que se requiere en esta vía intuitiva es transformarse sin dilación en la propia naturaleza del Ser. Para ello es imprescindible la práctica del silencio y la contemplación.

La intuición es sinónimo de iluminación. Decía el filósofo Arthur Schopenhauer que «la intuición es la cosa en sí». Descubrir la razón del Ser necesita pasar de la lógica racional a la lógica intuitiva. Ese momento llega cuando comprendiendo la mente y sus opciones o capacidades podemos traspasar la condición cotidiana de la mente y entrar en una visión natural, profunda y amplia de la misma, sin los condicionamientos habituales de nuestra mecánica existencial.

La intuición nos permite ver con claridad que el Ser es eterno, atemporal, por lo que no hay necesidad de crearlo; Él ya es. Tener claro que el Ser siempre ha sido, es y será, tal y como se pronunciaba la diosa Isis del antiguo Egipto, diciendo: «Yo soy la que siempre fue, es y será». Con ello se nos permite acceder a un trabajo sobre nosotros mismos diáfano, claro, sin obstáculos, que nos lleva a ingresar en la realidad permanente del Ser y vivir conforme a la fuente original de nuestra vida. ¿Es esto posible? No siempre, puesto que estamos llenos de oscuridades que nos traen lapsus de atención, pero esta vía intuitiva es innegable y certera bajo la premisa de una atención lúcida y consciente. Esta intuición la comprobamos al trascender los límites de la razón, que podemos ver y comprender eficazmente con la práctica de meditación. Así podremos adquirir una conciencia integral que nos lleve de una lógica racional a una lógica intuitiva.

De nuevo la contemplación y el silencio nos ayudarán a comprender y trascender la lógica racional para pasar a la una lógica superior e intuitiva, capaz de ver con claridad la «cosa en sí», las cosas «tal cual son». Entonces toda ilusión o fantasía terrenal o celestial será restringida o eliminada, y alcanzaremos la luz sin sombra.

5. EL SUEÑO ARCAICO

El sueño y la vida tuvieron un origen, que ha sido descrito por las religiones y mitologías. Los libros y la tradición verbal del pasado que relatan nuestros orígenes surgen de la necesidad de preservar un recuerdo, pero con anterioridad a la escritura o a la necesidad de registrar nuestros orígenes hubo una época y un estado de conciencia que hoy en día nos resulta difícil reconocer. La obra de Jean Gebser *Origen y presente* nos viene a describir los cinco estados de conciencia que la humanidad ha vivido: arcaico, mágico, mítico, mental, y ahora nos estamos disponiendo a acceder a la conciencia integral. Jean Gebser nos da referencias para reconocer lo que fue la época arcaica y su correspondiente estado de conciencia, que personalmente describo como «Uno en el Todo».

Aunque no lo apreciemos, siempre regresamos a nuestros orígenes, y la ciencia, la investigación, la filosofía y todas las demás ramas del saber y el conocer, en su avance llegan o vuelven de nuevo a nuestros orígenes, como es el caso de la teoría del «Big Bang». Físicos como Nicolas Gisin y Antoine Suárez, Marvin Chester, Van Raamsdonk, Maldacena, así como el matemático y cosmólogo Roger Penrose, con su fórmula de la «unificación», tratan de dar explicación a nuestro origen y a las leyes que rigen el universo. En todas sus diferentes propuestas no se descarta la opción de una conciencia que pueda unificar y así explicar una teoría del «Todo». Sobre todas estas teorías y fórmulas matemáticas y físicas nada podemos aportar y solamente las mencionaremos, pues creemos que comprender nuestros orígenes es algo vital para la conciencia humana.

Jean Gebser describe la época arcaica como pre-espacial y pre-temporal, de modo que el tiempo y el espacio aún no forman parte de nuestro «yo», de nuestra realidad. Esto es que nos sentimos totalmente envueltos por la naturaleza de este mundo sin diferenciarnos de ella. Por ejemplo, las pocas tribus indígenas que aún viven en plena naturaleza mantienen un sentimiento de hermanamiento con todo lo que las rodea, sintiéndose especialmente vinculadas a sus tótems sagrados, ya sean montañas, bosques, árboles, lagos, ríos y animales, incluso insectos. Así podemos mencionar a Holger Kalweit y a Mircea Eliade, expertos en el mundo indígena y chamanismo. Esta visión arcaica del mundo indígena los une en cuerpo y alma, es decir, son ecologistas, y no porque hayan desarrollado la conciencia de que el mundo está contaminado y se está destruyendo, sino porque se sienten familia y consanguíneos con la tierra y la naturaleza. Este es un rasgo ancestral que perdura en la conciencia del «Uno en Todo».

El genuino estado arcaico, que es pre-espacial y pre-temporal, surge de la fuente original de nuestro Ser, y dando origen al «pre-homínido» o «pre-humano», nos regresa a lo básico, lo instintivo; aquí nos encontramos en el estado más próximo al sueño profundo o sueños sin sueños. Este es un periodo de formación, de creación, un amanecer, donde las fuerzas de la naturaleza y las leyes que lo gobiernan y ordenan van gestando y construyendo un génesis desde los elementos básicos.

Situándonos en el génesis humano, tenemos: 1. El estado onírico arcaico, que pertenece a lo que hoy denominamos inconsciente colectivo; 2. No existe aún identidad individual, no hay un «yo» propio o individual, la identidad es grupal e interdependiente; 3. Los sueños personales están en ciernes; 4. Es una época pre-psíquica, es decir, donde la propia psiquis está en formación, por lo que la percepción es plástica, maleable, dúctil; 5. Las formas de los tres reinos mineral, vegetal y animal aún no están totalmente definidas y se entremezclan; por ello podemos ver hombres-pájaro, hombres-peces, incluso hombres-árboles, en las diferentes mitologías. ¡Y atención!, lo que aquí estamos exponiendo tiene su correspondencia con el proceso de encarnación o retorno existencial descrito en *El libro tibetano de los muertos* o *Bardo Thödol*, ya que todos los aconteceres humanos a lo largo de la historia se recapitulan cada día y en cada existencia. Esta recapitulación se describe en el *Bardo Thödol*, cuando el difunto ha pasado del «bardo de la muerte» al «bardo de la verdad en sí», para seguidamente pasar al «bardo del devenir».

Tanto en el dormir cotidiano como en el «bardo de la muerte» venimos a experimentar una retrospección que nos llevará a nuestros orígenes. Este origen es lo que se describe en el «bardo de la verdad en sí», que corresponde a la vivencia de la luz sin sombras, mientras que el paso del «bardo de la verdad en sí» al «bardo del devenir» corresponde a nuestro amanecer existencial. Cada individuo recorre retrospectivamente todo lo vivido desde el amanecer o génesis de su concepción humana, siendo obviamente difícil reconocer nuestro estado de conciencia en dicho amanecer, y por ello es también difícil que el difunto reconozca la luz del «bardo de la verdad en sí».

Como muy bien me indicaba mi maestro, un día es un reflejo de toda nuestra existencia, a lo que añadimos que un día de nuestra vida es un reflejo de toda la historia de la humanidad desde su génesis hasta el presente.

Por tanto, el sueño arcaico corresponde a ese sueño sin sueño, donde el mundo físico-terrenal aún no está formado en el génesis humano y que en nuestro diario vivir se refleja en un sueño profundo donde toda la actividad física, e incluso psíquica, cesa, para que de ese modo la conciencia pueda reencontrarse con su propia naturaleza auto-sostenida. En ese estado la conciencia se reencuentra con su naturaleza incontaminada, pura y esencial. En ese encuentro hallamos la fuente original de vida y entonces nos recuperamos vitalmente.

Por tanto, el sueño arcaico es un sueño sin sueño, semejante a un estado de letargo donde los sueños inherentes a la actividad psíquica poco a poco irán dando forma a este mundo que los hindúes califican de «sueño de Brahma».

El «bardo del devenir», con su *karma* existencial, vendrá a surgir para que el sueño se vaya cristalizando, para seguidamente dar vigencia al estado de vigilia y a las formas materializadas.

Relato del sueño arcaico

Son pocos los rastros del sueño arcaico que hoy podríamos tener, pues sería como pretender recordar nuestra primera infancia; solo nos quedan algunos rastros indefinidos.

Podemos relacionar los sueños, que son indicadores de nuestro estado de salud, con los sueños arcaicos; por ejemplo, cuando la comida nos ha sentado mal o el cuerpo registra una infección, o el mismo instinto nos advierte de que algo no funciona bien en nuestro cuerpo. Esto es debido a que en la época arcaica, época de formación psíquica y física, se crearon nuestros instintos. Por ello nuestro rastro fisiológico de la época arcaica son nuestra médula espinal y el bulbo raquídeo.

En ese rastro de nuestros orígenes surgen sueños que nos conectarán con el «océano de la vida», es decir, con el génesis mismo y sus albores; allí es donde encontraremos los arquetipos primarios.

Tuve el siguiente sueño, que nos sirve de referencia para lo que estamos planteando:

Me vi en sueños en la playa de mi pueblo cerca de la orilla, pero yo era como un niño entre tres o cuatro años; allí estaba sentado y jugando con la arena. En eso veo un anciano con una vestidura azul que le llegaba hasta los pies, con una larga barba blanca y unos ojos azules brillantes. Se acerca y yo, sorprendido, le digo: «¿Eres tú mi padre», a lo que él me responde que sí con una sonrisa. Seguidamente surge del mar una serpiente cristalina; parecía hecha de vidrio transparente, con ojos de color verde esmeralda. Se me acerca, y cuando llega a mi lado le digo de forma espontánea: «¿Eres tú mi madre», a lo que la serpiente asiente afirmativamente con su cabeza. Seguidamente vi como desde el cielo caían meteoritos, pero no me asusté porque parecían fuegos artificiales que descendían del cielo y al chocar con el suelo de ellos salían destellos de luz y color.

Al analizar o reflexionar sobre el sueño es mucha la información que podemos extraer, información en varios niveles. Primero, en el sueño vengo a vivir el reconocimiento de mis padres, pero no de mis padres físicos, sino de mis padres arquetípicos, aquellos que se relacionan con una conciencia cósmica, figurando yo como un niño en su primera infancia, es decir, que en el sueño regreso al estado primario y precisamente a la orilla del mar. Sobre esta cuestión podríamos hablar y reflexionar mucho, pero lo que nos interesa ahora es la experiencia en sí, el tipo del sueño, que efectivamente nos conectaría con estados arcaicos y con nuestra infancia de los albores formativos psíquico-consciente. La llegada de los meteoritos la entendí con el tiempo y se refería a mi apocalipsis interno. La palabra «apocalipsis» viene del griego y significa revelación, pues efectivamente fue una revelación bien profunda que me llevó a mis orígenes; más allá de lo simbólico hay que reconocer el propio estado de conciencia que me confirió este sueño.

Nuestra conciencia arcaica es pre-onírica. Mostrándose de modo completamente abierto sin prejuicios ni preconceptos, se abre a un nuevo mundo, a una nueva vida, tan inmensa como el propio universo que nos rodea. Bien sabemos que en nuestra primera infancia la formación del cerebro es enorme y en realidad es cuando más asimilamos y aprehendemos. En este periodo el huevo y la gallina son uno, el cerebro en formación y la conciencia son uno. Dice Rudolf Steiner que el niño no se separa vital o energéticamente de la madre hasta su cambio de dentición, es decir, hasta su primer septenio, formando ambos una unidad. Es decir que el formador y el formado son uno.

Básicamente, en los sueños y en el estado de conciencia arcaico somos espectadores maravillados ante una nueva creación. Nos encontramos en un estado de contemplación con mente abierta; aún no hemos engendrado una identidad, la conciencia de individuo aún no está formada: en la época arcaica somos almas inocentes que no distinguen entre lo mío y lo tuyo. Es una época edénica, un paraíso puro e inocente. Es como si estuviéramos despiertos e iluminados, pero sin ser conscientes de ello por carencia de individualidad. Metafóricamente somos una gota dentro del océano de la vida que no se percibe como una gota individual.

Todo nuestro desarrollo físico-psíquico y consciente deberá ser comprendido, asimilado e integrado para nuestro despertar e iluminación. Debemos aprender a gestar todos los estados de conciencia que se han formado a lo largo de nuestra historia, que hoy se nos repiten en nuestro diario vivir y que también involucran a nuestra vida nocturna u onírica.

Tengamos en cuenta que tanto el yoga del sueño como el *Bardo Thödol* nos ilustran sobre este estado de conciencia original y arcaico donde la luz es conciencia sin condicionamientos, luz sin sombras.

6. EL SUEÑO MÁGICO

El sueño mágico lo emplazamos en la historia de la humanidad en la época de los grandes dioses que se nos describen en todos los mitos, esos dioses poderosos que vienen a gestionar el génesis y que se encargan de los asuntos terrestres y de la propia humanidad. En estos mitos los dioses crearon grandes civilizaciones, que posteriormente fueron destruidas y olvidadas. Es sabido que todos nuestros antepasados creían que sus propios ancestros eran superiores a ellos y se referían a ellos como dioses y semidioses o hijos de los propios dioses. Nos referimos a los egipcios, hindúes, chinos, griegos, aztecas, olmecas mayas, incas, etc.

En esta época se forjaron muchos arquetipos, es decir, los principios básicos de nuestras estructuras psíquicas, que después han sido descritos por C.G. Jung como parte del inconsciente colectivo y que Joseph Campdell estudió en la mitología desde un enfoque junguiano. Digamos que mientras en la época y en los sueños arcaicos la conciencia permanece en un estado colectivo-oceánico como simple espectador, en la siguiente época o etapa empezamos a colaborar y participar con los arquetipos que se van configurando en nuestra psiquis.

El sueño mágico corresponde al estado de sueño propiamente dicho. Jean Gebser lo describe como una época y un estado de conciencia in-espacial e in-temporal. Este estado se ve básicamente reflejado en nuestro mundo onírico; en este estado de conciencia el tiempo y el espacio se perciben, pero apenas dejan huella sobre la psiquis. Allí el cronometro no funciona como en el estado de vigilia. Así, en los sueños se percibe lo temporal, aunque no sabemos cómo transita el tiempo; nos es difícil saber si han pasado cinco minutos o varias horas, incluso días y meses, etc., y en referencia al espacio viene a suceder lo mismo pues en un momento nos encontramos en España y al siguiente instante podemos vernos en Japón. En la física teórica moderna tanto el tiempo como el espacio están íntimamente vinculados y se entiende que son relativos; esto es una evidencia en el mundo onírico.

Tanto el tiempo como el espacio, en el mundo onírico pasan a ser relativos, persistiendo la percepción en su estado plástico, maleable, dúctil, etc. Pero, a diferencia de la época arcaica, aquí las formas ya se delinean con mayor precisión. Digamos que los vagos e imprecisos principios arquetípicos del estado arcaico, en esta etapa mágica se delinean y diseñan, cristalizándose y tomando formas variadas.

Esta época y este estado mágico es un mundo donde el poder creativo es inmenso, la imaginación fluye sin obstáculos y aquello que es imaginado se visualiza y percibe de modo fluido. En este estado el Cielo y el Infierno son percibidos y distinguidos con claridad, es decir, que el sufrimiento y la alegría son vividos intensamente, como sucede en una pesadilla o como les sucede a los niños, que experimentan con plena intensidad su padecer y alegrías; el estado mágico es un estado infantil, un estado en ciernes que empieza a delinear una base estructural del «uno mismo» y donde las emociones son fundamentales.

La naturaleza y los cuatro elementos (fuego, aire, agua y tierra) siguen siendo la base que originó el amanecer humano. Las culturas orientales, la medicina ayurvédica y la acupuntura trabajan con los cuatro elementos (más un quinto, que como vimos es el éter), que también se trabajan en el raja-yoga con sus chacras, o en el arte del Feng Shui. Toda esta naturaleza elemental estaba viva en esa época, es decir, que los elementos básicos, aire, fuego, agua, tierra, tenían vida propia, participaban y convivían en nuestra realidad psíquica. Es por ello que nuestro mundo onírico sigue siendo plástico, maleable, dúctil, figurativo. Aquí en Occidente nuestra tradición astrológica sigue trabajando con los cuatro elementos y sus características, por lo que los aficionados a la astrología saben que hay signos de fuego, aire, agua y tierra, y que esos elementos marcan determinadas peculiaridades: los de signo de tierra son prácticos, los de agua emotivos, los de fuego impulsivos y los de aire mentales. En nuestro pasado occidental los elementales tenían vida propia o su espíritu elemental. Así, el aire era gobernado por los espíritus silfos y las sílfides; el fuego era vivificado por las salamandras; en el agua vivían las ondinas nereidas y las sirenas; mientras que la tierra era manifestada por los queridos gnomos y los atroces trolls. Es obvio que esa época era mágica como aún lo son nuestros sueños.

Decir que las hadas, los gnomos, silfos, ondinas y demás elementales son producto de la fantasía y que son irreales es renunciar a una tradición que se remonta a nuestros primeros tiempos, y decir lo mismo respecto de nuestros sueños equivaldría básicamente a decir que nuestra psiquis es irreal, fantástica e ilusoria.

Despertar conciencia requiere que nos demos cuenta de nuestra plena realidad, siendo el yoga del sueño la práctica y la puerta para introducirnos de nuevo en esa realidad mágica que forma y es la propia realidad de nuestra psiquis pues sin sueños perdemos la magia de nuestras vidas.

La neurociencia aún no ha podido descifrar claramente qué sucede exactamente cuando nos quedamos dormidos y que áreas del cerebro se apaciguan mientras otras se activan, o qué sucede con el fenómeno REM (movimiento rápido de los ojos en inglés) donde se detectan los periodos de actividad y descanso profundo del cerebro, o qué sucede con nuestro sistema nervioso central, el sistema nervioso simpático y el parasimpático, etc. Y por ello podemos pensar que el mundo onírico y todo lo que allí sucede es irreal, como irreal sería el mundo de los elementales, con sus gnomos, ondinas y nereidas. Pero si cuando estamos soñando el sueño es una pesadilla, sería de lo más absurdo decir que esos instantes de pesadilla son irreales ya que se viven con enorme intensidad, vívidamente y con plena realidad.

No podemos negar la realidad onírica ni su mundo psíquico, aunque es cierto que es mucho lo que nos queda por conocer para poder reconocer la naturaleza onírica. Negar que existen el Cielo y el Infierno como estados de conciencia sería como negar nuestra realidad psíquica y onírica. Obviamente estamos hablando de una realidad que va más allá de lo físico y del estado de vigilia; por ello nos referimos al yoga del sueño como una metafísica práctica con la que podremos regresar con mayor lucidez a nuestro mundo interior.

Con ayuda del yoga del sueño, cuando se alcanza el estado de la «luz de realización inmediata», comprobamos que los sueños no son rígidos, sino que se pueden transformar, a ese estado se apela en *El libro tibetano de los muertos* cuando el difunto entra en el «bardo del devenir». En esta etapa se le insiste al difunto que tiene que reconocer la naturaleza del mundo onírico o psíquico del siguiente modo:

«Noble hijo, escucha con todos tus sentidos impuestos. ¿Qué quiere decir 'dotado de todos sus sentidos, errando sin obstrucción?' Eso significa que, aunque en vida estuvieras ciego, sordo o paralítico, ahora en el bardo, tus ojos ven, tus oídos oyen, y todos tus sentidos están intactos y claros. Por eso se dice 'dotado de todos sus sentidos'.

Es señal de que estás muerto y de que estás errando en el estado intermedio. ¡Ten conciencia de ello! ¡Recuerda las instrucciones liberadoras que se te han dado en el Bardo Thödol'!

Noble hijo, 'errando sin obstrucción' significa que eres ahora un cuerpo mental y que tu espíritu carece de soporte, que tu cuerpo inmaterial puede atravesar el Monte Meru, atravesar las casas, la tierra, las rocas, las montañas y las colinas sin que nada le detenga. No hay más que dos lugares que no puedes atravesar: la matriz y el asiento del Vajra[4].

Como esto es señal de que te encuentras en el estado intermedio del devenir, recuerda la enseñanza de tu lama y suplícale al Señor de Gran Compasión Avalokitesvara.

Noble hijo, ¿qué significa 'poseyendo el poder de los milagros bajo el control del karma'? Eso significa que despliegas poderes supranormales que proceden de la fuerza de tu karma; los han forjado el efecto de tus acciones pasadas y no proceden de tu meditación o de tus virtudes.

Por tanto, puedes ahora en un instante atravesar los cuatro continentes y el Monte Meru. Puedes trasladarte inmediatamente al lugar que desees. Te basta con pensar en él para estar allí.

Tardas el tiempo que le cuesta a un hombre extender y doblar el brazo. Pero no desees ni rechaces esos poderes. Puedes realizar todo aquello en lo que pienses. No hay razón de que algo te sea imposible. ¡Reconócelo e implora a tu lama!

Hijo nuestro, 'viendo con el ojo divino a aquellos que tienen la misma naturaleza', significa que todos los que van a renacer con la misma naturaleza se perciben unos a otros en el bardo. Así, todos cuantos están destinados a renacer entre los dioses pueden reconocerse».

Puesto que solo se reconoce a aquellos que nacerán en el mismo estado de existencia, no hay que dejarse atraer, sino meditar sobre el Gran Compasivo Avalokitesvara.

---

4   El asiento en el que se sienta el Buda Gauthama para alcanzar el despertar, en *bodhgaya*.

«'Viendo con el ojo divino' significa que quien está en el estado intermedio ve con la mirada pura celestial que adquiere con la meditación, pero que no procede de la actividad benéfica de los dioses.

Así pues, no siempre se ve con esa mirada celestial, sino solamente si uno se concentra en la visión penetrante. Si no se piensa en ello, no se ve nada. La distracción también puede impedir ver».

No es fácil describir o referirse a la época mágica de la humanidad. En relación a nuestro génesis hebreo-cristiano lo situaríamos en la época anti-diluviana. Podemos encontrar referencias en el Génesis canónico y también en los Evangelios apócrifos, como el *Libro de Henoc*. Para los que ven viable la existencia de la Atlántida y los atlantes, situaríamos la época mágica en ese periodo. Y para los ortodoxos de la historia universal nos ubicaríamos en la época de las tribus que aún no han forjado naciones, donde se vivía con el espíritu del chamán, período que precedió a la creación de las antiguas civilizaciones.

La humanidad tenía su perspectiva inespacial-intemporal, es decir, que mientras estaba constituida por tribus errantes, sus fronteras o espacios no estaban delimitados y el tiempo no condicionaba ni controlaba sus actos. Más o menos se puede entender lo intemporal con lo que le aconteció a un francés, que en su aventura convivió con los bereberes del Sáhara. Cuando el francés le mostró su bonito reloj al bereber, este le dijo: «Los franceses tenéis relojes, pero nosotros los bereberes tenemos todo el tiempo del mundo».

Relato de sueño mágico

Los sueños mágicos están relacionados con nuestro cerebro límbico (tálamo, hipotálamo, hipocampo, amígdala cerebral, etc.), esa área del cerebro que se conecta con nuestras emociones. Por ello en el yoga del sueño es imprescindible hacer un trabajo sobre estas. Solo transformando nuestras emociones nuestros sueños podrán ser transformados. En este proceso de transformación de las emociones alcanzaremos la luz de realización inmediata del yoga del sueño, lo que nos permitirá a la vez comprobar el sentido de las palabras de *El libro tibetano de los muertos* arriba mencionadas.

Es habitual y frecuente que cuando uno se inicia en el yoga del sueño y comienza su labor al respecto pronto obtenga resultados con los sueños lúcidos, pues la etapa primera de trabajo, hecha con ilusión y mucho ánimo, nos permite experimentar esos cambios emocionales con inmediata repercusión onírica.

Mi primer sueño lúcido se dio en mi juventud. Apenas llegaba a los veinte años cuando una noche soñando estaba con mis amigos en el paseo marítimo del pueblo, como siempre con ánimo de diversión. De repente aparece ante nosotros en el cielo una especie de nave celeste multicolor que emitía un montón de rayos de diferentes colores. Recordé mis ejercicios del yoga del sueño en esos momentos y di un salto en el aire para comprobar si aquello que estaba viviendo era un sueño, y efectivamente me quedé suspendido en el aire, y de forma inmediata desperté en el sueño. Con gran alegría les mostré a mis amigos que podía volar y ellos me miraban con asombro, pero sin reaccionar; no eran capaces de reconocer lo que estaba sucediendo. Entonces decidí marcharme feliz y volando por aquel paseo marítimo. Era muy dichoso y disfrutaba emocionado, contemplaba maravillado todo mi entorno intentando reconocer el lugar y sus detalles. De pronto veo frente a mí en la playa una cabaña con un extraño personaje dentro. Se parecía a un buda feliz. Era enorme y me fije que allí convivía con un león, un águila y un buey; yo no salía de mi asombro. De golpe veo que por detrás de mí se acercan unos gigantes como de cinco o seis metros, me agarran la cabeza y me la empujan e incrustan en el suelo. En ese momento despierto físicamente.

Los sueños y las vivencias lúcidas pueden tener diferentes interpretaciones y niveles de comprensión. Hay que tener siempre en cuenta que los sueños son procesos que se viven en la intimidad y el mejor intérprete debe ser uno mismo, aunque para ello debemos familiarizarnos con el mundo onírico, sus símbolos y arquetipos.

Lo primero a destacar en esta experiencia es el hecho de poder tener conciencia lúcida en el sueño. ¿Por qué aparece esa nave con múltiples rayos de luz en mi sueño? Sucede que el huevo y la gallina, o el cerebro y la conciencia, siguen unidos, como unidos están el formador y lo formado, o el individuo y lo colectivo, de modo que la conciencia colectiva, a la que podemos llamar conciencia cósmica o universal, nos asiste en su formación guiando a aquellos que buscan su despertar y su luz interior. En ese sueño lúcido se me muestra como arquetipo a un «buda feliz», grande y gordo; es obvio que me estaban mostrando mi propio buda interior, que convive feliz con los cuatro elementos de la naturaleza, simbolizados por los animales que conviven en la cabaña: el buey representa la tierra, el águila, el aire y el león el fuego, quedando el agua como elemento que se representaba por el mar.

Con este sueño alcancé la luz de revelación, es decir esa primera luz que nos permite reconocer los sueños y despertar en ellos.

Con el yoga del sueño debemos llegar a reconocer nuestra participación consciente entre lo colectivo, o conciencia cósmica, y lo individual. El «buda feliz» representa ese despertar de lo individual en lo colectivo, por lo que es fundamental profundizar en el arquetipo del principio búdico. Por ello decimos que la interpretación y la comprensión se pueden procesar con diferentes grados de comprensión, que en el propio proceso del individuo van aflorando espaciosamente.

Reconocer o experimentar que puedo participar con los arquetipos y con la conciencia colectiva me permite generar autoconciencia e individualidad, aunque en la época mágica la individualidad aún era incipiente, como la que pueda tener un niño que quiere emular a sus mayores. El niño es el pequeño individuo que quiere ser como sus padres y héroes arquetípicos, representados en todos los mitos como dioses, y que forman parte hoy en día del inconsciente colectivo. Pero ese inconsciente colectivo en realidad es una conciencia universal, cósmica y colectiva, a la cual podemos acceder mediante nuestro «buda interior», llevándonos hacia el despertar. Aunque para la conciencia racional o mental lo colectivo es diferente a lo individual, así como la gallina es diferente del huevo, en la realidad «uni-total» la dualidad es una ilusión. En la conciencia de un buda prevalece la conciencia «no-dual»; esto es que gallina y huevo son uno e intemporales, lo uno origina lo otro y viceversa.

7. EL SUEÑO MÍTICO

En las antiguas civilizaciones de China, India, Egipto, Persia, Grecia y Roma, todos los reyes y emperadores tenían en sus cortes un mago y astrólogo que les servía en la interpretación de los sueños. En la Biblia encontramos diferentes casos como José y el faraón, o el rey Nabucodonosor y el profeta Daniel, etc. En esa época donde las civilizaciones se consolidaron se vivió un trasvase entre el mundo interior u onírico y el mundo externo o físico.

Podemos decir que en esa época la magia de los sueños seguía muy presente, pero la tendencia y el impulso de las sucesivas mutaciones colectivas de la conciencia nos estaba desplazando hacia un futuro y un estable estado conciencia mental donde predominaría el estado de vigilia.

En esta época, como describimos con mayor detalle en nuestro libro *Yo soy conciencia integral*[5], se describen los grandes mitos y leyendas, situando nuestros antepasados a sus propios antepasados a la altura de dioses y semidioses. Lo vemos en *La Ilíada* y *La Odisea* de Homero, el *Mahabarata* hindú, el Antiguo Testamento, el *Popol Vuh*, etc. quedando los primeros padres de la humanidad como arquetipos divinos que señalaban y nos mostraban nuestros orígenes.

Jean Gebser describe el estado de conciencia mítico como un «soñando». De algún modo el sueño se viene a vivir de dos modos diferentes: como actor y como espectador del sueño. Aún hoy en día se siguen manifestando las dos

---

5   Editorial Kolima, 2019.

características oníricas, una como actor implícito en el sueño y otra en segunda persona como espectador. En el sueño mágico uno es actor del sueño, mientras que en el sueño mítico podemos vernos como actores y espectadores del mismo. Así vamos pasando del bulbo raquídeo al cerebro límbico para ahora dar un salto al cerebro dividido en dos: la parte izquierda para la lógica racional y el lenguaje verbal, y la parte derecha para la lógica intuitiva y el lenguaje no verbal. Las funciones de nuestro cerebro se van activando paulatinamente en los diferentes estados de conciencia en los que la humanidad se ha desenvuelto, y lo mismo sucede con nuestro crecimiento personal y evolución desde nuestro nacimiento hasta nuestro pleno desarrollo; así, en la historia de la humanidad hemos ido formando y activando paulatinamente todas nuestras condiciones físico-psíquicas y de la conciencia, todo se va recapitulando.

En esta época mítica surge el arquetipo del héroe, como Hércules, Jasón y los argonautas, Odiseo, Perseo, Teseo y tantos otros, como Horus, que debe luchar con su tío Set, que usurpó el trono de su padre Osiris, o Arjuna, el héroe del *Mahabharata* hindú. Estos héroes representan a aquel que quiere regresar a la morada de sus padres, de sus dioses; representan a aquel que inicia su viaje por la psiquis para reencontrarse con su hogar. Como le sucedió a Odiseo, que se perdió entre los mares del alma, enfrentándose a múltiples aventuras, para finalmente poder regresar a su tierra, su hogar, a sus orígenes. Pues, como dice Jean Gebser, nadie se puede perder si no tuviera opción de poder reencontrarse.

Nuestra conciencia necesita regresar a sus orígenes sin perder lo recorrido, sin perder la experiencia vivida. Este viaje de ida y vuelta por nuestra experiencia anímica se ha representado con el uróboro, la serpiente circular que se muerde la cola. Para que la experiencia no sea simplemente regresiva hay que elevar el estado de conciencia ejercitándonos en la auto-conciencia de nosotros mismos. Esta será nuestra mayor aventura, donde nos reencontraremos con nuestro legado ancestral, con nuestros héroes míticos, con nuestros arquetipos, que nos introducen en esa gran familia cósmica de los héroes solares, donde los padres de nuestros padres y toda nuestra estirpe y linaje se divinizan en la gloria universal del océano de la vida, donde el origen puro e incontaminado nos desvelará cuál es nuestro verdadero hogar. Muchos de estos héroes míticos tienen que descender a los infiernos para ver todo aquello que nuestra alma ha creado de modo ajeno y hostil a los orígenes.

Nos podemos extender mucho sobre la cuestión de aquello ajeno a lo original, es decir, aquello que hemos creado de modo erróneo por no sintonizar con la conciencia universal. Estas creaciones que han arraigado en nuestra psiquis nos distancian de nuestro hogar y nuestra esencia, por lo que podemos sentir miedo a perder lo que creemos propio y que sin embargo está lejos de nuestra auténtica realidad; esa realidad fantástica alejada de lo original o esencial en parte conforma nuestro pequeño «yo».

El libro tibetano de los muertos nos da muchas referencias sobre el temor que siente el difunto al no reconocer su psiquis y sus propias proyecciones, sus propias elaboraciones. Estos objetos psíquicos los veremos ya como espectadores o como actores, causándonos temor al no reconocerlos. Y en caso de que nunca hayamos hecho ejercicio de auto-conciencia, la ilusión de nuestras proyecciones y sueños se asemejará a una realidad que validaremos en el auto-convencimiento de que lo que proyecta nuestro «yo» es real.

Dice así el *Bardo Thödol* en uno de sus textos:

«*Si bien todas las apariciones del estado intermedio han surgido ante ti, no has podido reconocer la verdad a causa de tu eterna distracción. Por esta razón has tenido que padecer este miedo y esta angustia. Si sigues aún distraído, se romperá el hilo de la compasión y llegarás a un lugar en el que no existe ninguna probabilidad de liberación. ¡Estate, pues, vigilante!*».

Cuando aún era adolescente tuve el siguiente sueño:

Me fui a una tienda del barrio a comprar. Estando allí aparece un compañero de la escuela y lo saludo. Al momento entran en la tienda sus padres. ¡Tenían lepra! Iban custodiados por unos soldados vestidos como los antiguos romanos, lo que me llamó mucho la atención. De repente se abren unas compuertas que daban a un subterráneo, arrojando los soldados al foso a los padres de Horacio, que así se llamaba mi compañero. Muy asombrado por lo que estaba viendo, me asomé al foso y allí vi un montón de leprosos. Me surgió un gran temor y caí al foso. Los leprosos se me acercaban para ver al recién caído. Por fortuna, uno de los soldados romanos me acercó su lanza, a la que me agarré y el soldado me ayudó a salir del foso.

Salí de la tienda totalmente espantado y andaba por la calle con temor. Me empecé a fijar en los transeúntes y veía en ellos rasgos de lepra; aquella pesadilla se volvía agonizante. Al girar la esquina vi a lo lejos a mis padres y hermanos. Cuando me acerqué a ellos, con horror vi a toda mi familia con lepra. Salí corriendo, huyendo. Cuando giré por la esquina con el corazón estremecido me paré frente a un escaparate de una tienda; allí me fijé en mi rostro reflejado y sí, ¡tenía lepra!

Me desperté de la pesadilla muy angustiado; con el tiempo entendí que aquel sueño fue un acicate para iniciarme en la aventura de conocerme a mí mismo. La «lepra» que había visto en mí, en mi familia y en todos los vecinos era mi propia impureza, un reflejo de mi alma que, alejada de mis orígenes, estaba condenándose a un foso de dolor, impureza y angustia.

Nuestra conciencia debe ilustrarnos para ver qué somos, de dónde venimos y hacia dónde vamos. Nuestros héroes míticos se lanzaron y enfrentaron a los minotauros, a la hidra de Lerma, a las harpías, a la terrible Medusa, etc. con una finalidad: matar, disolver o eliminar aquello que los alejaba de su destino, que no puede ser otro que la morada original.

8. SUEÑO MENTAL

Aquí entramos en el punto central del yoga del sueño: ¿es nuestra vida un sueño? Como afirman muchas escuelas y filosofías orientales, ¿por qué los sabios iluminados nos insisten en que despertemos? ¿Podemos tener conciencia de esto o aquello sin comprender la naturaleza de la propia conciencia?

El yoga del sueño se convierte en un ejercicio de auto-conciencia para de ese modo descubrir qué es nuestra conciencia, qué es nuestro sueño, y qué relación existe entre la vigilia, el sueño y el sueño profundo.

En la época arcaica, cuando estábamos viviendo el paso del proto-humano al humano, nuestra conciencia era puramente perceptiva: observaba y aprendía sobre todo lo que le rodeaba. Su actitud era contemplativa, pasiva, receptiva, pero con carencia de conciencia propia; solo teníamos una brizna de conciencia de nosotros mismos. La realidad se percibía como «Uno en el Todo», nuestra conciencia aún era una gota en el océano de la vida. Cuando tenemos sueños arcaicos nuestra conciencia individual también se disuelve ante la presencia de una conciencia cósmica y de algún modo nos vemos empequeñecidos ante lo universal.

En la época mágica nuestras emociones y el cerebro límbico nos permitieron calificar lo agradable y lo desagradable, aquello que nos daba satisfacción y nos insatisfacía, por lo que nuestro «yo» fue adquiriendo identidad y la conciencia asumió la disposición de «Uno junto al Todo». El estado de conciencia mágica es propio del estado de sueño, por lo que la base de nuestro trabajo en el yoga del sueño aquí va dirigida a la transformación de nuestras emociones. En la medida en que seamos conscientes de cómo controlar y manejar nuestras emociones y deseos podremos manejar y controlar nuestro mundo onírico.

En el sueño mítico participamos del mundo del sueño a la vez que nos desplazamos cada vez más en la percepción externa del mundo material. En este estado, los sueños y los abundantes arquetipos creados en el estado mágico vienen a vivirse como «estoy aquí ante el Todo»; es decir, el «yo» ya ha tomado posición frente a lo que le rodea. En este estado, el cerebro entra en actividad con sus dos lados, derecho e izquierdo. Entonces podemos percibir los sueños ya como actores de los mismos o como espectadores; esto es, en nuestro «yo» hay una parte activa y otra pasiva, una que observa y otra que actúa.

Hay que aclarar que lo observado y el observador son uno e indivisibles; esta cuestión dual entre lo observado y el observador ha generado muchos conflictos porque la parte racional se ha posicionado en la parte del observador, sin considerar que todo fenómeno y percepción no pueden existir sin un perceptor y un observador.

Los que practican con los sueños lúcidos, los onironautas, aparte de poder experimentar con los sueños y jugar o recrearse en ellos, pueden tener la posibilidad de conocer la naturaleza intrínseca del estado de sueño, es decir, conocer cuál es la realidad esencial de sueño, y ello debería servir para que al mismo tiempo comprendieran la naturaleza del estado de vigilia. ¿Y qué diferencia hay entre la realidad del mundo onírico y la realidad física o estado de vigilia?

Cuando pasamos del estado mítico al estado mental, que es el estado que hoy en día prevalece y que se asumió de modo colectivo a partir del Renacimiento, como nos explica Jean Gebser, el centro de gravedad de nuestra conciencia pasó a establecerse en lo físico, delineando con todo detalle las tres dimensiones de Euclides y consolidando las tres dimensiones en nuestra percepción consciente, de tal modo que a partir del Renacimiento las pinturas y los tratados sobre el ejercicio de pintar ya concretaban la perspectiva tridimensional.

En la época mental nos ejercitamos en el uso de la razón, el intelecto, es decir, del hemisferio izquierdo de nuestro cerebro, llegando en el siglo XX al pleno desarrollo y a los límites del estado mental. Esta tendencia a lo racional, a la percepción física en el estado de vigilia, nos ha alejado de nuestra realidad interior, distanciándonos del mundo onírico y psíquico, por lo que los estados previos al estado mental han quedado sepultados por el propio estado mental, de tal modo que en estos tiempos lo único que nos importa es el estado de vigilia, pasando por alto el mundo de los sueños y el sueño profundo. Pero pasar por alto o no dar importancia a nuestros sueños y al estado de sueño sin sueño es ignorarnos a nosotros mismos, puesto que el estado onírico y el estado de sueño profundo siguen y seguirán presentes en nuestro diario existir. Nuestra realidad, nuestra totalidad, no es exclusivamente material o corporal y externa: somos una completitud de lo exterior y lo interior, de lo físico y lo psíquico, por lo que es imposible relegar o descartar nuestro mundo onírico.

Ciertamente, hoy en día, la psicología, la sociología, la antropología, la filosofía, la ciencia, la neurobiología, etc. deberían revisar el estado humano y sus límites, deberían ver cómo y por qué entramos en crisis y por qué nos bloqueamos tropezando una y otra vez con los mismos problemas. La cuestión es que es difícil, si no imposible, salir de nuestros límites y sus topes. Por ello el yoga del sueño y su metafísica son necesarios para poder comprender de modo práctico nuestro origen y destino, nuestro Alfa y Omega. Con ello podremos dar solución a nuestra visión, limitada hoy en día por la dualidad del estado mental.

¿Estamos despiertos en el estado de vigilia?

Cuando nos referimos a estar despiertos en el ámbito de la conciencia, es evidente que en el estado de vigilia nuestro cuerpo físico sí está activo, despierto, aunque nuestra propia conciencia no lo esté. Nuestra conciencia deberá comprender y dar respuesta a las preguntas que nuestro propio estado mental ha generado: ¿quién soy? ¿de dónde vengo? ¿hacia dónde voy? y a otras tantas como son: ¿qué es la mente y cómo funciona? ¿cómo se teje nuestro destino y *karma*? ¿cuál es propósito de nuestras vidas? ¿dónde surgen nuestros arquetipos? ¿cuál fue nuestro génesis, no solo físico-corporal, sino también psíquico-mental? ¿tiene alguna finalidad nuestro paso por el mundo, por la rueda del *samsara*? etc.

No se trata de encontrar respuestas racionales, pues ahora sabemos que dichas respuestas no terminan de conciliarse con nuestro hemisferio derecho del cerebro, es decir, la intuición, que nos aporta la conciencia integral; ni tampoco resuelve nuestra naturaleza emocional, donde nuestros conflictos emocionales se depositan y arraigan, manteniéndonos en actitudes y bloqueos de los cuales no somos capaces de salir. Despertar conciencia significa conocerse a uno mismo hasta las últimas consecuencias, es decir, hasta que alcancemos o regresemos a nuestro origen, pues solo conociendo nuestro origen conoceremos nuestro destino.

Soñamos en el estado de vigilia al ignorar nuestro origen y destino, siendo tal destino constantemente anunciado por la omnipresente muerte o la más cercana experiencia a la muerte que experimentamos cada noche con el sueño profundo. ¿Tenemos presente en nuestro estado de vigilia que la muerte nos puede visitar en cualquier momento? ¿Tenemos presente que cuando en la noche caemos en el sueño profundo estamos experimentando una pequeña muerte o una experiencia cercana a la muerte? Si estuviéramos realmente despiertos, tendríamos presente la muerte en nuestras vidas, sin que esta fuera una condena por la que tenemos que pasar la mayor de las angustias.

El vacío

El vacío o *sunyata,* tan nombrado en el budismo, nos acerca a la realidad de nuestro origen, lo que equivale a hablar de lo espiritual. El vacío oriental no define un espíritu individualizado como lo hacen los occidentales, es decir, un vacío que excluye cualquier individualidad o «yo». En el vacío no hay una entidad o personalidad que sostenga un espíritu; más bien se trata de comprender ese «océano de la vida libre en su movimiento», donde el Ser se desenvuelve en una conciencia cósmica común.

El vacío es una nadidad, un desasimiento del «yo», mientras que ese pequeño «yo» al que nos aferramos es nuestra parcela individualizada que nos muestra nuestros límites. Dicha parcela del «yo» puede ser un bello jardín o un lodazal, pero en ambos casos nos mostrará los límites a los que estamos condicionados.

Son tres los puntos los que sostienen la filosofía del vacío: 1. Nada permanece, todo lo compuesto se descompone; 2. Todo es interdependiente, nada se sostiene por sí mismo; 3. Unidad en el origen y el presente, «Todo es uno». En la dualidad se pierde la relación con el origen esencial.

Efectivamente, nada permanece; todo lo que nace necesariamente debe morir, por lo que nuestra conciencia debe tener presente la muerte. Existe un *koan* o frase enigmática en el budismo zen que dice: «Cuál es tu rostro original». Si meditamos profundamente sobre esta frase nos daremos cuenta de la impermanencia.

Nada existe por sí mismo, es decir, todo depende de diferentes elementos, seres, plantas, animales, insectos, bacterias, etc., como bien se sabe por el estudio de los ecosistemas. También nuestro «yo» es interdependiente; depende de los sentidos corporales, llamados *agregados* en el budismo; depende de sus propios conceptos, creencias, deseos, voluntades, interacciones, etc. siendo el propio «yo» el que crea sus limitaciones y condicionamientos.

La unidad se encuentra fuera de la parcela del ego, pues donde existe el «yo» existe un «tú», es decir una dualidad que ya se desmarca de la unidad original. Si volvemos a preguntar qué fue primero, si el huevo o la gallina, el «yo», de su estado de conciencia mental-racional-dual no encuentra respuesta. Por ello, y como ya hemos comentado, la conciencia humana está por experimentar una mutación hacia una conciencia integral. Así lo manifestamos en mi ya citado libro *Yo soy conciencia integral*, explicando con más profundidad la cuestión de las mutaciones de Jean Gebser. De modo que solo saliendo de la parcela del «yo» y su limitada conciencia dual-racional podremos obtener la suficiente luz para comprender la conciencia en su origen «no-dual».

9. CONCIENCIA INTEGRAL

Cuando soñamos, muchas veces podemos ver el desorden de nuestra psiquis y cuando meditamos también podemos ver el caos de nuestra mente. Nuestros sueños delatan nuestra vida interior. En el estado de vigilia solemos vivir bajo un mundo de apariencias; hemos sido educados para aparentar que somos «normales», que somos personas responsables y educadas, pero cuando cerramos los ojos, ya sea para dormir o para meditar, entonces la moral desaparece para que en su ausencia surjan todos nuestros defectos, desequilibrios y carencias psicológicas.

La ciencia de la meditación, tanto en Oriente como en Occidente, nos acerca a la serenidad y al silencio, lo que nos permite darle un tiempo y un espacio a nuestra conciencia para poder ejercitarse. Con la meditación, la atención sobre uno mismo aumenta permitiéndonos ver todas nuestras deficiencias y límites. Los límites nos los hemos impuesto nosotros mismos a través del tiempo; esto es, hemos creado un modelo social, económico, moral, educativo, etc. que requiere muchas mejoras. También hemos creado diferentes religiones, que más que liberarnos nos han sometido, aunque también nos han aportado sus cosas buenas, aunque ahora estamos refiriéndonos a nuestros límites, topes o condicionamientos. En esos topes podemos ver cómo socialmente se nos inculca el tener éxito, triunfar, sobresalir, ser el mejor, sacar la mejor puntuación, etc. La competencia entre unos y otros es lo que ha fomentado el «yo».

Sí, es cierto que vivimos en comunidad y que debemos contribuir a que nuestra sociedad mejore. Ante ello tenemos dos actitudes: la conservadora o la tradicional, la novedosa o la rebelde. Debemos aprender a congeniar las dos actitudes: la tradicional y la rebelde, sin que una se oponga a la otra. En definitiva, tener la conciencia dormida limita nuestro despertar e iluminación, esto es, que necesitamos de una apertura, de una nueva visión o revelación para poder salir de nuestros límites. C.G. Jung decía que los sueños tienen un carácter «numinoso» (perteneciente o relativo al numen, como manifestación de poderes religiosos o mágicos), esto es, que mediante los mismos podemos descubrir aspectos que en el estado de vigilia no alcanzamos a ver.

Ahora podemos abordar lo que puede ser la conciencia integral. Lo primero es que la conciencia integral reconoce e integra todos los anteriores estados de conciencia: arcaico, mágico, mítico, mental, así como nuestro desarrollo físico y psíquico formó el sistema cerebro-espinal junto con el sistema nervioso simpático y parasimpático, el tálamo, el hipotálamo, el sistema límbico, y nuestro cerebelo y cerebro.

Integrar todo nuestro desarrollo físico y psíquico es necesario para ver cuál ha sido nuestra formación como especie, lo que nos debe llevar a reconocer que la humanidad hoy en día mantiene y despliega todos los diferentes estados de conciencia, por lo que aún encontraremos personas o comunidades arcaicas, otras en estado mágico, otras en el estado mítico, siendo el estado mental el que prevalece en lo que llamamos cultura occidental, que es la que predomina en la actualidad.

Sobre este punto nos podemos extender. Por ejemplo, la cultura tibetana salió al mundo en la década de los años sesenta tras la invasión china. Los chinos justificaron la invasión por cuestiones territoriales, pero su excusa fue que el Tíbet seguía viviendo encerrado en la época medieval. Y así era: el Tíbet vivía aislado y por ello la cultura tibetana nos parece enigmática; ellos aún hoy consultan a los oráculos de su ancestral tradición Bön. Podemos decir que el viejo Tíbet vivía entre lo mágico y lo mítico hasta que tuvo que verse con el resto del mundo, aportándonos a la vez una tradición y unas enseñanzas extraordinarias como el budismo vajrayana (tántrico), el *Bardo Thödol*, el yoga del sueño, el *dzogchen* (camino de la gran perfección), etc. Destacamos la siguiente nota de Matthieu Ricard, biólogo nuclear y monje budista:

«El Dalai Lama a menudo ha declarado que si la ciencia refuta ciertas tesis budistas usando evidencia convincente, entonces estas deberían descartarse sin vacilación. El Dalai Lama declaró que la cosmología budista tradicional (basada en la misma cosmología hindú que existía en la India hace 2.500 años) ahora está obsoleta, dado el conocimiento científico actual. Esta es de hecho una declaración audaz, similar a la del papa, que declara que la idea de la creación del mundo en seis días ahora debería abandonarse».

La tradición sobre los sueños y los psicopompos de la antigua Grecia se ha perdido en Occidente. Se entiende que cada estado de conciencia supera al anterior, pero ello no significa que debamos descartar los anteriores estados de conciencia, pues de lo que se trata es de integrar todos ellos, el arcaico, mágico, mítico, mental, pues todos son válidos y de todos ellos estamos formados, y con ellos debemos trabajar para comprender en plenitud toda nuestra realidad, la realidad de nuestro Ser. C.G. Jung, Mircea Eliade, Joseph Campbell, Jean Gebser y muchos otros investigadores de la condición humana han recurrido a las tribus indígenas, a los chamanes, a los antepasados, para descubrir nuestra realidad actual. Y de eso se trata, de comprender lo que somos, porque solo de ese modo veremos nuestros límites.

No podemos desdeñar el mundo onírico o psíquico como mera superstición, o como algo vago e incoherente. Tenemos que descubrir nuestros arquetipos, nuestro propio génesis, debemos hallar nuestro origen para congraciarnos con nuestro presente y con nuestro destino. No podemos escapar de la naturaleza que nos engendró, no podemos evadirnos y seguir caminando sin rumbo hacia un destino que desprecia nuestras tradiciones u origen. Actualmente, con todas las nuevas tecnologías, se dice que pronto daremos un salto en todo nuestro sistema de vida y hablan de que esa incorporación tecnológica nos llevará a ser «transhumanos», pero la cuestión es si esa incorporación tecnológica nos liberará de nuestros límites, es decir, de nuestra visión mental-racional. Lo que aquí planteo es ¿será mejor vivir como en el antiguo Tíbet o será mejor vivir como se pretende, con las nuevas tecnologías ultramodernas? ¿O quizás pueda existir una visión verdaderamente amplia e integradora capaz de asumir el pasado y el futuro, lo tradicional y lo novedoso? Efectivamente, existe la opción de una conciencia integral que incluya todos los estados de conciencia en los que la humanidad se ha formado desde sus principios, desde su génesis hasta la actualidad, con todas las perspectivas de futuro.

Mirar solo hacia delante es tan erróneo como mirar solo al pasado. Precisamente uno de los topes de nuestra conciencia mental es el tiempo. La razón-mental siempre ha contabilizarlo todo, incluido el tiempo; también pretende contabilizar el espacio, ver su dimensión, su altura, anchura, longitud, etc., y por supuesto la ciencia ha inquirido en la materia, en lo molecular, atómico y subatómico, para descubrir que la materia en última estancia puede verse como partículas u ondas, siguiendo en sus investigaciones hasta prácticamente haber diluido el concepto pasado de que la materia es sólido puro.

La razón-mental es dual y en esa dualidad encontramos sus límites: pasado-futuro, éxito-fracaso, bueno-malo, condicional-incondicional, etc. En esa dualidad de extremos medimos y contabilizamos, numeramos, etc. pensando que así hallaremos una respuesta concreta y definitiva. Ese es el límite de la conciencia mental-racional que cree que hay una respuesta concreta, definitiva, incluso medible o comprobable. Esta visión dualista hace que se estanque, puesto que como la misma ciencia ha demostrado con la investigación de la materia, esta casi resulta tan abstracta como lo psíquico-espiritual. No existen respuestas concretas, definitivas, demostrables empíricamente, puesto que se obvia una simple verdad: todo lo que nace muere, todo lo compuesto se descompone, todo lo construido es destruido, etc. Nada hay o existe que sea permanente. La propia ciencia continuamente desmenuza sus teorías y elabora otras en búsqueda de mejores respuestas. Lo impropio es querer permanecer en paramentos fijos generando una falsa sensación de seguridad.

La conciencia integral nos proporciona un estado que trasciende la dualidad y lo temporal; entonces podremos ver lo atemporal, aquello que es inmutable y que sin embargo incluye todo lo mutable. Lo perfecto necesita de lo imperfecto, así como lo inmutable necesita de lo mutable, puesto que lo perfecto se encarga, en su constante inventiva, de remediar lo imperfecto.

Es difícil, por no decir imposible, concretar lo que es la conciencia integral, puesto que trasciende los límites conceptuales creados por la mente-racional. Se necesitará, como indica Jean Gebser, crear un nuevo lenguaje que abra una nueva visión de la conciencia integral o unidad no-dual.

Decíamos que la meditación, el silencio, la contemplación nos ejercitan y acercan a la conciencia integral, que como el Tao es indefinible. Aunque poco a poco la mutación de la conciencia nos llevará a ver y abrir un nuevo lenguaje que nos permita recalificar, sin caer en lo meramente conceptual, la realidad de nuestra conciencia y todo su potencial.

En nuestro actual estado de conciencia mental, donde el estado de vigilia ha tomado todo el protagonismo, debemos dejar claro que seguimos con la conciencia dormida, es decir, que los maestros espirituales de todas las tradiciones tienen razón cuando nos dicen que debemos despertar e iluminarnos. Insistimos en que es en nuestra propia conciencia, con todos sus diferentes estados de formación y desarrollo, donde encontraremos las claves para nuestro pasado, presente y futuro. Por tanto, mientras no comprendamos cómo trascender los tres estados de conciencia, sueño profundo o sueño sin sueños, el estado de sueño y el de vigilia, no podremos alcanzar el cuarto estado, o estado de *turiya*, donde el despertar y la luz sin sombra aflorará.

10. EL SUEÑO DE ZOÉ

Zoé arcaica

El nombre Zoé, de origen griego, quiere decir «vida». Su origen etimológico apunta al concepto de «nacer, dar vida».

Zoé era, pero aún no existía; vivía en el océano de la vida libre en su movimiento, sentía la felicidad de ser «Uno en Todo». Diluida entre el mar de la vida, se dejaba llevar por el entorno sin diferenciarse del resto de las cosas. Parecía que veía, escuchaba, olía y sentía la vida con un pálpito, que venía de un gran corazón que no era el suyo pero que puso a funcionar su diminuto corazón.

Zoé era como una criatura dentro del vientre materno; su experiencia era semejante a un recuerdo que empezaba a recapitular y compendiar. Zoé arcaica surgió a la existencia dando luz a las tinieblas. Ella vino a configurar un génesis, una creación, ella fluía en un espacio que no tenía tiempo, ni principio ni final. Sin embargo, cuando puso el pie sobre la Tierra reconoció a sus padres, se dio cuenta de que todo un universo de colores, sonidos y olores se extendía a su alrededor. No le eran desconocidos, pues su madre, la que le dio vida, la «Gran Zoé», ya se los había transmitido mientras ella permanecía aún diluida en un espacio sin medida, sin forma, sin existencia.

Zoé arcaica vino al mundo feliz. Su entorno era un paraíso, gozaba alegre de la existencia; todo le era dado. Tan solo encontró un límite, un obstáculo, que cada vez se le hizo más pesado: su cuerpo. Pero tuvieron que pasar miles de años para que lo reconociera, porque la historia de Zoé es la historia de la humanidad.

Lo más cercano que tenemos hoy en día a la época arcaica son los indígenas de la Sierra Nevada de Santa Marta en Colombia, y en particular los que viven en la parte alta o en el interior de la sierra. Un interesante documental de la BBC, «Desde el Corazón del Mundo: Advertencia de los Hermanos Mayores»[6], lo refleja[7].

En el documental y por investigaciones propias se descubre a los *koguis*, seres extraordinarios que se hacen llamar a sí mismos los «hermanos mayores», considerándonos a nosotros, los supuestamente civilizados, los «hermanos menores». Ellos nos advierten de que las nieves perpetuas de la Sierra Nevada están desapareciendo, lo que les llevó a contactar con el periodista de la BBC que realizó el documental para advertirnos de la catástrofe que el mundo vivirá si no cuidamos nuestra Madre Tierra. Ellos consideran que sus tierras son el corazón del mundo porque desde la costa atlántica hasta las montañas nevadas de la sierra se encuentran todos los climas de nuestro mundo; su advertencia viene de una conciencia ancestral y arcaica. Su modo de vida nada tiene que ver con la moderna civilización; el pueblo

---

6   *Aluna* es una película documental colombiana de 2012 dirigida por Alan Ereira, secuela del documental de 1990 de la BBC *The Heart of The World: Elder Brother's Warning*. El primer documental mostraba la antigua civilización de la tribu kogui («hermanos mayores»), que surgió para mostrar su preocupación por la gente del mundo moderno («hermanos menores»). El hermano menor es instado a cambiar o sufrir un desastre ambiental. Después de ofrecer la advertencia, los *kogui* se retiran a la civilización escondida en una montaña en la Sierra Nevada de Santa Marta, Colombia. *Aluna* fue exhibida en el Festival de Cine Documental de Sheffield en 2012, marcando su estreno mundial. Fuente: Wikipedia.

7   Editorial Kolima publicó en el 2020 una interesante novela, *Café Pergamino*, del autor Félix Romero, que habla de este lugar y estas tribus.

kogui está guiado por sus «mamas», sacerdotes-chamanes cuya tradición se pierde en los orígenes de la humanidad.

Los «mamas» reconocen entre los bebés nacidos a quien será un futuro sacerdote-chamán. Y es tradición el que un «mama» se haga cargo del niño, que educará para el ministerio sacerdotal de cuidar la Madre Tierra y su pueblo. El «mama» se lleva a la criatura cuando aún no ha sido destetada y la educa en una cueva durante nueve años; cuando al niño le muestran el mundo exterior, este lo ve «tal cual es». Es decir, ve el mundo de un modo totalmente clarividente; no solo ve las formas tridimensionales, sino que también ve el mundo en su naturaleza interna o molecular, o, como dirían los ocultistas, el mundo astral. El niño educado por su mentor el «mama» puede ver el alma de la naturaleza, los árboles, plantas, animales, montañas, ríos.

Entre los *koguis* de la Sierra de Santa Marta vive el espíritu de Zoé arcaica; en este espíritu sienten el latir de la Madre Tierra. En la época arcaica, y su consecuente estado de conciencia que se vincula al génesis, a la creación y a dar luz a nuevas esencias humanas (que en su primigenia vida no materializan ni cosifican nada, ni las formas ni los contenidos; de hecho, los espíritus elementales de las plantas, animales, montañas, lagos, ríos, bosques, etc. aún no están configurados, ni se plasman o cristalizan, sino que fluyen en una creatividad sin igual), la materia es aún una masa informe, como el alfarero que con su torno o rueda va dando formas diferentes al barro por medio de los elementos básicos de la naturaleza.

Este mundo de Zoé arcaica es un mundo en ciernes, un mundo pletórico de creaciones, semejante a un sueño lleno de plasticidad, de movimiento molecular, de transformaciones, donde las formas se van configurando y caducando con facilidad. El tiempo parece que no pasa mientras se está creando; es un espacio pre-temporal. Solo después de que algo es creado el cronómetro se pone en marcha; mientras tanto, todo sucede sin que el tiempo cuente, pues mientras la vida se gesta, los tiempos son tan elásticos o flexibles como la gestación lo requiera, como lo vemos en cada criatura o especie de este planeta, que requiere de su particular tiempo de formación.

Los parámetros de la vida y la muerte en un mundo o humanidad en gestación no se delinean con firmeza, esto es, que la frontera entre lo interior y lo exterior, entre lo psíquico y lo físico, aún no está trazada. La vida y la muerte están entrelazadas en un movimiento de continua transformación, de continua creación, de una imaginación desbordante, que cuando de modo definitivo se consolida o cristaliza nos muestra este maravilloso mundo que habitamos.

Hemos dicho que nuestra Zoé arcaica tiene la limitación corporal, esto es, que en los albores de nuestra formación prima lo instintivo, todo aquello que se relaciona con el chacra *muladhara*, situado en la base de nuestra columna vertebral. El significado del nombre de este chacra se traduce como «fundamental», es decir, lo básico, lo instintivo. Lo instintivo se puede ver como negativo o como positivo según sea su uso, pero es necesario o fundamental. Los orígenes de todos los mitos creadores o del génesis humano suelen ser bellos y agradables, paradisíacos o edénicos. Este es el recuerdo ancestral de nuestros antepasados, que calificaban sus orígenes como una edad de oro, donde se convivía con los mismos dioses, es decir con aquello que originó nuestra propia creación. Todos los recuerdos de estos mitos corresponden a nuestra época mítica, pero algo de verdad debe haber en toda esa tradición ancestral tan común en todas las latitudes geográficas de los pueblos que nos precedieron.

En lo instintivo encontramos una gran sabiduría, siendo un error calificar lo instintivo de inconsciente, puesto que ese instinto fue lo primero que se formó en la conciencia humana y nos permitió lidiar, vivir y sobrevivir en este mundo. Diremos más bien que somos nosotros o nuestro ego contemporáneo el que es inconsciente respecto al instinto, como también somos ahora bastante inconscientes respecto al sueño, mientras que la conciencia de Zoé arcaica se mantenía en un estado contemplativo que permitía la «percepción instintiva de las verdades cósmicas sin el proceso deprimente de la opción conceptual». Tal estado donde se sentía «Uno en Todo» era compatible con un mundo que a la vez se estaba formando en lo humano lo interior y lo exterior de sí mismo. Se estaban formando nuestros sentidos, nuestra forma de alimentarnos, de movernos, de compatibilizar todos los elementos externos, etc. Esta es la base o fundamento de nuestros orígenes existenciales.

Difícil es describir lo que le ocurre al difunto cuando experimenta el «bardo de la verdad en sí», donde primeramente se encuentra con la luz o conciencia original, que, siendo pura y atemporal, es incontaminada, y por tanto totalmente abierta; su espacio precede a lo molecular e incluso a lo atómico o subatómico. Puesto que en este estado incontaminado y atemporal se encuentra el espacio de nuestro testigo, de nuestro observador imparcial y ecuánime, totalmente abierto e incondicionado, este testigo fiel es nuestro real Ser, lo original en nosotros.

El testigo original de nuestra existencia «es» y precede a toda manifestación existencial. De algún modo, el testigo o nuestra Zoé arcaica precede a sus propios sueños, que se vinculan a nuestra anatomía psíquica, astral, molecular. En el *Bardo Thödol*, o cuando se nos refiere a las experiencias *post mortem* y al encuentro con la luz o conciencia original, sucede que somos incapaces de reconocer dicha luz por carecer del espíritu contemplativo de nuestra Zoé arcaica. Por ello es difícil definir o explicar esta cualidad contemplativa que se abre antes de existir, y venida la muerte con su efecto de recapitular todo lo vivido nos regresa a nuestro estado original. La evidencia de que en la naturaleza todos los procesos son recapitulados nos lleva, si somos inteligentes y practicamos el yoga del sueño, a reconocer nuestro punto de partida. Eso sucede cada noche de nuestras vidas al sumergirnos en el sueño sin sueño o sueño profundo.

En realidad, el sueño profundo nos aproxima al estado contemplativo original de nuestro Ser. Nuestra Zoé arcaica vio el amanecer de nuestros primeros días, vio nuestro génesis y lo contempló sin caer en el sueño incoherente. Zoé era lúcida, atenta, contemplativa; así era el espíritu de nuestra humanidad original. Mientras, poco a poco, con el surgir de la creación y de nuestros instintos, lo existencial le fue ganando espacio a nuestro testigo primordial. Lo incontaminado se fue contaminando y el Ser pasó a dejar de ser esencialmente puro para seguir los impulsos del existir. Las criaturas recién nacidas aún traen consigo esa pureza esencial que tan bellos los hace.

Zoé arcaica contemplando su estado de «Uno en Todo» se fue desenvolviendo para sentir con mayor intensidad el «Uno ante el Todo».

Zoé mágica

Zoé siguió su transcurso en la existencia. Ella vio que el mundo era enorme, gigante, siendo un mundo aún sin fronteras; los humanos, las tribus se aventuraron a conocer otras tierras, otros seres, fuera de su entorno. En esta etapa el estado de conciencia se ve como «Uno junto al Todo».

El espíritu de Zoé poseía una imaginación desbordante, la magia fluía por todas partes, los rayos, las lluvias, los vientos, las montañas, los bosques estaban llenos de vida y de espíritus que todo lo animaban. Pero ahora Zoé soñaba con descubrir todos los entresijos de la divina Madre Natura. Para ello gozaba de una facilidad innata para descubrir la utilidad o propiedad de cada planta, de cada piedra, animal, etc. Pero ¿cómo lo hacía? El Dr. Suzuki, monje zen, en el libro compartido con Erich Fromm, *Budismo zen y psicoanálisis*, nos dice lo siguiente:

«Hay, sin embargo, otra manera que precede a las ciencias, o viene después de ellas, de acercarnos a la realidad. La llamo el método Zen.

El método Zen consiste en penetrar directamente en el objeto mismo y verlo, como si dijéramos, desde dentro. Conocer la flor es convertirse en la flor, ser la flor, florecer coma la flor y gozar de la luz del sol y de la lluvia. Cuando se hace esto, la flor me habla y conozco todos sus secretos, todas sus alegrías, todos sus sufrimientos; es decir, toda su vida vibrando dentro de sí misma. No solo eso: al lado de mi conocimiento de la flor, conozco todos los secretos del universo, lo que incluye todos los secretos de mi propio Yo, que ha venido eludiendo hasta ahora mi persecución de toda la vida, porque me he dividido en una dualidad, el perseguido, el objeto y la sombra. ¡Por algo nunca he logrado captar mi Yo y cuán agotador ha sido este juego!

Ahora, sin embargo, al conocer la flor me conozco a mí mismo. Es decir, al perderme en la flor conozco mi Yo lo mismo que a la flor».

El Dr. Suzuki explica como el monje zen, en vez de arrancar la planta y meterla en un laboratorio para analizarla y descomponerla según el método científico para ver de qué elementos estaba hecha, zinc, potasio, hierro, etc., se sienta ante la planta y en estado de pura concentración se unifica con ella para conocerla, tal como se ha descrito. Para ello el monje disuelve su «yo» dejando de diferenciarse de la planta. De este modo el espíritu de Zoé y su magia permitían a nuestros antepasados conocer la naturaleza de las plantas y de todo lo que los rodeaba de un modo directo, desde el interior de cada piedra, planta, árbol.

Si en la época arcaica no existía diferenciación entre el «Uno y el Todo», en la época mágica nos situamos en un «Uno junto al Todo», por lo que ya existía un «yo» que se distinguía de su entorno. Pero era un mundo aún en formación y el propio «yo» aún era infantil ante el «Todo». Al espíritu mágico de Zoé le resultaba accesible el método que explica el Dr. Suzuki: «penetrar directamente en el objeto mismo y verlo, como si dijéramos, desde dentro».

Los indígenas norteamericanos, mongoles, tibetanos, los mapuches de la Araucanía, etc., aún vivían cerca de ese espíritu mágico de Zoé. Y de hecho todos nosotros poseemos en nuestro fuero interno esa conexión con la Madre Tierra; por ello muchas veces vemos con enorme nostalgia la vida de estos indígenas y su gran conexión con la naturaleza.

Nos estamos remontando a la época de los pueblos nómadas que, errantes, viajaban al son de las estaciones anuales. Sus viajes y sus vidas eran sueños, esto es, que su origen y su mundo interno u onírico iban de la mano. Los chamanes veían los acontecimientos externos bajo la guía de sus visiones. La magia era lo normal y las visiones eran activadas por la conciencia de sentirse «Uno junto al Todo».

La magia de los pueblos indígenas subyace en cada uno de nosotros; nuestra Zoé mágica no ha desaparecido, vive en nuestros sueños. No podemos reírnos vanamente de los magos y chamanes de antaño, ni de los que aún sobreviven.

Su visión conformó nuestra psiquis o mundo interior. Y, de hecho, como nos cuenta Holger Kalweit en su libro *Ensoñación y espacio interior, el mundo del chamán,* los chamanes viven lo que denominan la «enfermedad del chamán», por la que experimentan la misma muerte o una experiencia cercana a la muerte, convirtiéndose así en los guías de los difuntos, como lo fueron los psicopompos en la antigua Grecia y Egipto.

La magia, los sueños, nuestro propio psiquismo, tienen que ver con lo emocional, con saber empatizar, con las cosas y los seres. La época o estado de conciencia mágica es semejante al mundo onírico. Por ello las enseñanzas del yoga del sueño señalan que si uno domina sus emociones, dominará también sus propios sueños; esto es que podrá acceder a transformar sus sueños y a tener sueños lúcidos.

Nuestra Zoé mágica andaba viajando con sus tribus nómadas conociendo e intercambiando experiencias con otras tribus. En la medida en que sus conocimientos sobre la naturaleza y sus elementos fueron mayores buscó establecerse, desarrollando la agricultura y la ganadería. De algún modo el «yo» de la época arcaica se vio enfrentado a dominar o ser dominado por los elementos de la naturaleza. La emoción del miedo fue surgiendo ante la amenaza de sentirse amenazado; es obvio que el «yo» quería sobrevivir. Al referirnos a estos aconteceres, nos remitimos a los inicios y a la configuración de estos estados, pues aún hoy en día hay nómadas y tribus que viven de un incipiente trabajo agrícola. Y remontándonos a estos inicios de la conciencia mágica, nos ubicamos en el chacra *manipura* que se encuentra sobre nuestro ombligo. Por debajo del chacra *manipura* encontramos el chacra *svadhisthana,* que se encuentra sobre nuestros órganos sexuales, estando también íntimamente ligado a los instintos.

El mundo de las emociones vibra con la música, los colores, las impresiones. Las emociones son tremendamente volátiles, cambiantes, dúctiles, por lo que nuestra aura astral cambia de color como los camaleones según el ambiente emocional en el que nos encontremos. Las emociones activan y mueven todo nuestro mundo molecular, afectando este a su vez el mundo celular.

En mi niñez era habitual que los niños, y los no tan niños, se sonrojaran al ser descubiertos en alguna incorrección; ello era debido a una rápida reacción emocional, donde lo molecular incitaba a la sangre reflejando en el rostro físico la vergüenza. En la tradición ancestral del yoga de la meditación, si se le preguntaba a un yogui cuál era nuestra fuente de pensamiento señalaba que el ombligo, el centro emocional o chacra *manipura*. Y sin duda, cuando se trabaja en la meditación se descubre que todo pensamiento viene envuelto e impulsado por una emoción.

Sueños y emociones vienen a compartir la misma naturaleza, que traspasa lo físico adentrándose en el espacio molecular o mundo astral. En este mundo astral o molecular se construye o des-construye todo lo creado.

Cuando el difunto va pasando en su recapitulación por el «bardo de la verdad en sí», después de pasar por la luz original, se verá frente a un mundo de colores y sonidos. Estos colores y sonidos son descritos en el *Bardo Thödol* y, como se ha visto, están relacionados con los cinco *dhyani* budas, estando estos conectados a su vez con los cinco elementos básicos de la naturaleza: aire, fuego, agua, tierra y éter. Entonces el difunto, según sus inclinaciones psíquicas y emocionales, sintonizará y vibrará con determinados sonidos y colores, inclinándose hacia una u otra futura encarnación.

El dominio de nuestras emociones es imprescindible para nuestro despertar, para reconocer nuestro ego, para trascender y transformar nuestra vida, no solo en lo físico, sino también en lo onírico. De hecho, el trabajo del yoga del sueño plantea primero un dominio sobre las emociones que predomina sobre nuestros pensamientos o conceptos. Sin lugar a dudas, si somos capaces de dominar y transformar nuestras emociones tendremos dominio sobre los sueños, llegando a transformar los mismos sueños negativos en positivos, y, logrando esto, la transformación de nuestras vidas físicas será una evidencia.

Zoé mítica

Zoé, nuestro espíritu de vida, con su desarrollo arcaico-instintivo y mágico-psíquico-emocional pasó, siguiendo el impulso de la propia conciencia y sus mutaciones, como explica Jean Gebser, a buscar respuestas en su peregrinar del desenvolvimiento de su «yo», después de vivir por milenios en espacios intemporales resultado del aprendizaje instintivo, siguiendo su evolución por medio del psiquismo emocional, lo que la convirtió en la chamana por antonomasia, aconteciéndole que en su apuesta por salir adelante frente a todo lo que la rodeaba empezó a establecerse, pues dominaba la agricultura, la ganadería, la forja, la cerámica, el arte, etc. La vida de Zoé empezó a establecerse en poblaciones cada vez mayores. El impulso de la conciencia la llevó a seguir buscando respuestas que su propio «yo» iba generando. El ahora ya un tanto alejado «yo» de sus orígenes hizo que el espíritu de Zoé se dispusiera del siguiente modo: «estoy aquí ante el Todo».

Zoé representa la vida y el impulso de nuestra misma conciencia por descubrir su realidad. Mientras no descubrimos la naturaleza propia de nosotros mismos, nuestra conciencia vivirá el sueño descrito en el mito de Brahma.

Existe una vieja historia de la India que nos habla de la soledad de Dios:

«Brahma. No existía nada más que Brahma, y por esa razón estaba muy aburrido. Brahma decidió jugar a un juego, pero no tenía a nadie con quien jugar. De modo que creó a una hermosa diosa, Maya, con el único propósito de divertirse. Una vez que Maya existió y Brahma le explicó el propósito de su existencia, ella le dijo: 'De acuerdo, juguemos al juego más maravilloso, pero tú harás lo que yo te diga'. Brahma aceptó y, siguiendo las instrucciones de Maya, creó todo el universo. Creó el Sol y las estrellas, la Luna y los planetas. Después, la vida en la Tierra: los animales, los océanos, la atmósfera, todo.

Entonces Maya le dijo: 'Qué bello es este mundo de ilusión que has creado. Ahora quiero que crees un tipo de animal que sea tan inteligente y goce de tal conciencia que esté capacitado para apreciar tu creación'. Finalmente, Brahma creó a los seres humanos, y una vez acabó con la creación, le preguntó a Maya cuándo iba a empezar el juego. 'Lo empezaremos de inmediato' dijo ella.

Cogió a Brahma y lo cortó en miles de pedacitos diminutos. Puso un trocito en el interior de cada ser humano y dijo: '¡Ahora empieza el juego! ¡Voy a hacer que olvides quién eres y tendrás que encontrarte a ti mismo!'. Maya creó el sueño y hoy Brahma todavía está intentando recordar quién es».

En este texto se ve reflejado lo acaecido en la época mítica; se necesitó escribir, relatar la propia historia humana y su viaje por la vida, describiendo su génesis, pues ya el «yo» se había alejado demasiado de sus orígenes. Así surgieron los textos míticos de nuestros antepasados, donde se intentaba recordar lo que antes se tenía presente y se contaba de padres a hijos. Algunos mitos sagrados incluso describen los linajes, como es el caso de la Biblia, donde en el Evangelio de Lucas la genealogía de Jesús llega hasta sus orígenes, Adán.

Todo ello es un esfuerzo por recordar de dónde venimos, por descubrir nuestro origen.

Todos los mitos son simbólicos, son representaciones y recuerdos ancestrales que pretenden ser una guía para descubrir la luz primordial de nuestro génesis creador.

La época mítica hebreo-cristiana surge en la época de Moisés y sus tablas de la ley, es decir, los escritos que anunciaban una nueva etapa de la conciencia humana.

Zoé se encontraba en la época mítica entre los estados instintivo-emocional y los preliminares de una futura época mental. Fue una época maravillosa, en la cual surgieron las grandes civilizaciones: China, India, Persia, Egipto, Grecia, Roma.

Los chamanes pasaron a ser sacerdotes, buscando esa relación entre los Cielos y la Tierra, entre lo macrocósmico y lo microscósmico, entre el cosmos y los humanos. La ciencia empezaba a buscar explicaciones más allá de la simplicidad instintiva y emocional. Mientras tanto los sueños eran la conexión mágica con nuestros orígenes; fue entonces cuando los arquetipos de nuestro inconsciente colectivo, que previamente formaban parte de la vida de Zoé, pasaron a ser subconscientes.

Los escritos vedas y los *Upanishadhs* hindúes cuentan mitológicamente y con detalle los orígenes de la conciencia, mientras el *I-ching* descifraba mágicamente los movimientos o biorritmos de la naturaleza. Los egipcios formaron la civilización más enigmática y su casta sacerdotal concibió un mundo en el Más Allá que para ellos era tanto o más real que este mundo terrenal. Y después los griegos, que dieron a la razón y a la filosofía el acicate que *a posteriori* nos ha dado tanto, sin dejar de relatar su mitología, buscando el encuentro con los orígenes.

El sueño y la muerte, Hipnos y Tanatos, hijos de Nix, la noche, eran hermanos para los griegos. Mientras, los griegos se disponían para extraer toda la belleza a la vida, como vemos en su forma de vida, su arte, sus juegos olímpicos, su filosofía, su política.

La época mítica fue el renacimiento de la humanidad en lo que hoy consideramos las grandes civilizaciones del pasado. Surgieron pirámides, templos enormes, monumentos extraordinarios como la esfinge de Gizeh; surgió la escritura, el inicio de las ciencias, la medicina, la astronomía, las matemáticas. La época mítica fue asiento de nuestras tradiciones, costumbres y vida urbana actual; en definitiva, el empoderamiento de lo humano sobre lo natural se dio en la época mítica. Lo mítico se impuso a lo mágico o natural, poniendo a la misma naturaleza bajo su dominio, eso sí, sin desconectarse de lo natural. Por ello se impuso el «estoy aquí ante el Todo», frente al «Uno junto al Todo» de la época mágica.

Zoé experimentó grandes cambios en su espíritu, pues la época arcaica y mágica eran femeninas; en esos estados de conciencia reinaba el matriarcado. Sin embargo, en la época mítica Zoé pasó el testigo al patriarcado. Y ya se ha comentado mucho sobre las épocas matriarcales y patriarcales, y los intereses, beneficios y perjuicios de ambos (por ejemplo, en *Después del Edén* de Ken Wilder). En este relato de Zoé, nos interesa el impulso de la conciencia y la vida, viendo que en todo este largo historial hay una continuidad que siempre estuvo presente hasta la fecha, siendo tal continuidad lo que hoy debemos descubrir y valorar, pues en gran parte «somos lo que fuimos» mientras hoy Zoé nos sigue impulsando a encontrar respuestas válidas para nuestra conciencia.

Zoé experimentó un enorme cambio o mutación en el estado mítico, según Jean Gebser, que repercutió en la psiquis, en el mundo onírico y en lo físico, pues la humanidad, procurando el dominio y control sobre lo natural, se alejó de la naturaleza, surgiendo entonces lo sobrenatural, es decir, aquello que ya no estaba al alcance de lo cotidiano o normal, como acontecía en la época mágica y arcaica. Mientras en las épocas arcaica y mágica Zoé convivía en plenitud con la naturaleza, en la época mítica el ego humano se distanció de ella al intentar dominarla o controlarla. Esa división cada día fue a más, viéndose actualmente la peor de las consecuencias de dicho alejamiento o separación de la madre Tierra.

El sueño se separó del vivir diario estableciéndose el estado de vigilia, aunque aún tenía gran influencia en lo cotidiano. Lo celular se imponía sobre lo molecular, lo psíquico-astral-onírico cedía a lo físico-corporal. Este paso de lo sutil a lo corpóreo se relata en el *Bardo Thödol*, cuando el difunto pasa del «bardo de la verdad en sí» al «bardo del devenir», siendo este último la tendencia del difunto a encarnarse en un nuevo cuerpo. Recordamos que todo en la naturaleza vive recapitulación tras recapitulación, por lo que la experiencia de difunto relatada en el *Bardo Thödol* no nos debe extrañar:

«Con el cuerpo de carne precedente y futuro, característico del 'bardo del devenir', dotado de todos sus sentidos, errando sin obstrucción, poseyendo el poder de los milagros bajo el control del karma, viendo con el ojo puro divino a aquellos que tienen la misma naturaleza». («Bardo del devenir»)

¿Qué quiere decir «el cuerpo precedente y futuro»?

«Precedente» significa que tienes un cuerpo de carne y sangre constituido por tus anteriores inclinaciones. Pero es radiante y posee también los signos característicos de la Edad de oro. Se le llama el cuerpo mental, ya que él es el que aparece en el bardo.

Si has de renacer entre los dioses, en ese momento se te aparecerá el mundo de los dioses. El mundo de los titanes (semi-dioses), de los hombres, de los animales, de los espíritus ávidos o de los seres infernales se te aparecerán según el lugar en el que renazcas. ¡Por eso se dice 'futuro'!

Durante tres días y medio pensabas tener una forma carnal cuyo aspecto dependía de las tendencias de tu espíritu, de tu existencia 'precedente'. Y se dice 'futuro' porque precisamente se te aparecerá el lugar en el que nacerás próximamente. Por eso se dice 'el cuerpo de carne precedente-futuro'.

También se dice que los platónicos y los pitagóricos creían en la reencarnación o transmigración de las almas, basándose en esa incesante recapitulación de la naturaleza. Todo árbol crea frutos y estos con sus semillas tienen el potencial de crear y volver a crear, con un impulso imperecedero donde todo se vuelve a repetir, salvo mutaciones que ofrecen variantes.

Decían los antiguos alquimistas, y entre ellos Roger Bacon: «Naturaleza contiene a naturaleza, naturaleza conoce a naturaleza, naturaleza domina y transforma la naturaleza». Si nuestra opción como humanos es simplemente dejarnos llevar por la fuerza de la naturaleza nos quedaremos a merced de ella; en cambio, si nos ejercitamos en la auto-conciencia, descubriremos ese impulso de la vida o la naturaleza que en este tratado llamamos Zoé. El ego humano se fue posicionando frente a la naturaleza y al «Todo» con el fin de descubrir y encontrar respuestas a los misterios que la vida nos trae. Realmente la alquimia tanto de los chinos, hindúes, egipcios como de los alquimistas de la Edad Media europeos tiene como base de sus conocimientos la minuciosa observación de la naturaleza, pero no solo en relación a su física y química, sino también en su espíritu de vida. La antigua tradición alquimista occidental viene del antiguo Egipto, siendo el dios Hermes Trimegistro la referencia de todo alquimista. Dice así el discurso de Hermes a Asclepio, dios de la medicina de los antiguos griegos:

«—¡Oh Asclepio!, toda alma humana es inmortal, pero no todas lo son de la misma manera; difieren en el cómo y en el cuándo.

—Pero Trismegisto, ¿no son todas las almas iguales?

—¡Ay Asclepio, qué rápido dejaste el camino verdadero de la razón! ¿No dije ya que Todo es Uno y Uno es Todo, puesto que todas las cosas estaban en el Creador antes que las creara? Y no sin razón se dice que Él es todas las cosas pues todas son partes suyas. Tendrías que recordar siempre en toda esta discusión que Uno es el Todo, y Él mismo, el Creador de todas las cosas.

Todo baja del Cielo a la Tierra, al agua y al aire, y solo el fuego, que va hacia arriba, vivifica, y lo que va hacia abajo a él se subordina.

Todo lo que de lo alto desciende es generador, y por el contrario, lo que emana hacia arriba es nutriente. Solo la Tierra, que es propio sostén de sí misma, es receptáculo de todas las cosas y restituidora de todas las especies que antes acogió. Esto es pues el Todo, como recordarás, contiene todas las cosas y es todas las cosas.

La Naturaleza contiene y envuelve al Alma y al Mundo, y los agita a fin de que, producidas las variadas cualidades de todas las múltiples figuras de todas las cosas, se reconozcan por las diferencias los infinitos aspectos de las especies, que sin embargo están unificadas de manera tal que finalmente se puede contemplar cómo el Todo es Uno, y cómo está compuesto de todas las cosas».

Corpus Hermeticum: «Discurso de Hermes Trimegistro a Asclepio»

Resulta triste que se presente a nuestros antepasados de la época mítica, que fueron los creadores de las grandes civilizaciones, como ignorantes o atrasados en la visión de la vida, siendo que nosotros mismos somos fruto de su inmensa aportación, donde se dio el trasvase de lo mágico-emocional a lo mítico pre-mental.

11. ZOÉ Y SUS ESTADOS: SUEÑO SIN SUEÑO, SUEÑO Y VIGILIA

Tened presente que somos fruto y semilla del impulso de la vida y que esta contiene tres estados hoy presentes: sueño profundo o sueño sin sueños, el estado de sueño y el estado de vigilia, imprescindibles para el pleno conocimiento de «nosotros mismos». Hay que comprender que la conciencia humana se traza histórica, evolutiva y actualmente dentro de estos tres estados de conciencia. Ignorarlo equivale a desconocer qué somos, de dónde venimos y hacia dónde vamos.

Zoé participó de nuestro génesis en un estado de sueño sin sueño, puesto que en nuestros orígenes carecíamos de ego, por lo que nuestra conciencia-luz no tenía sombras. Así, el alma humana y el alma de Gaia, nuestro querido planeta, no se diferenciaban, sino que se participaba de «un Todo común»; que fue la época arcaica.

Posteriormente Zoé nos llevó al sueño, de modo que el incipiente ego humano se sintió partícipe «junto al Todo». Esta fue la época mágica de los chamanes; así, el colectivo humano percibía con más intensidad su mundo interior que el mundo externo. Si tenemos en cuenta que todo se recapitula en la naturaleza, debemos tener presente una época de la humanidad donde lo psíquico o interno, es decir, la vida del alma, era más potente o real para nuestros antepasados que el propio estado de vigilia. Quizás esto nos sorprenda ¿pero acaso en la actualidad no es cierto que aún tenemos sueños tan intensos que nos sobresaltan y nos hacen sudar, palpitar, sufrir, o disfrutar?

Zoé, siguiendo el impulso de la conciencia, pasó a situarse en el «estoy aquí ante el Todo» de la época mítica, lo que llevó a que la humanidad se desplazara hacia su «yo», alejándonos de nuestros orígenes y creando una realidad paralela a la original. Se dejaron de ver las cosas «tal cual son» para verlas mediante la interpretación que el «yo» humano realizaba. Este episodio de la conciencia humana dio mucho de sí, ya que era y es necesario que el individuo, es decir el «yo», se reconociera a sí mismo, a pesar de que ello nos alejara de nuestro origen primordial. Fue entonces cuando el mundo de Maya, la diosa de la ilusión, puso a jugar a Brahma, con la intención de que se encontrara a sí mismo, estando fraccionado entre todas las diferentes formas de la existencia.

¿Por qué dicen todos los grandes maestros e iluminados que debemos despertar la conciencia? Sencillamente porque dejamos de ver las cosas «tal cual son», como el niño *kogui* de la Sierra Nevada de Colombia, educado por su mentor el «mama» para que después de nueve años de retiro vea las cosas «tal como son» y no pierda la conexión con su conciencia arcaica y mágica.

El humano mítico cayó en el sueño producido por su propio «yo». Dejó de ver las cosas «tal como son» para empezar a interpretarlo todo desde la perspectiva del «yo». Mas hay que comprender la necesidad de individualizarse, de ejercitarse en la auto-conciencia. Zoé seguía impulsando la conciencia para indagar, investigar y comprender todo aquello que la rodeaba. ¿Qué diferencia existe entonces entre ver las cosas «tal cual son» y la indagación o investigación del «yo» individual? La diferencia estriba en que la visión arcaica y mágica es unificadora y pasiva, como un estado de contemplación pasivo, por lo que la parte creativa se ciñe al «hecho tal cual es», sin apenas generar una inventiva o desarrollar su capacidad creativa.

La capacidad creativa del individuo

Hemos dicho que la época mágica fue muy creativa, pero tal creatividad se ceñía al ambiente de la naturaleza. Posteriormente, en la época mítica la creatividad mutó, pasando a la conciencia humana, que es cuando se iniciaron las grandes civilizaciones, el arte, la creación de templos, monumentos, etc.

En el estado mítico surge una figura mitológica pocas veces comprendida: Prometeo, Lucifer, Mara, Xólotl. Este personaje se convierte en enemigo de los dioses para favorecer a los humanos; así, Prometeo roba el fuego del Olimpo para ayudar a los humanos y es castigado por ello. Lucifer se rebela contra Dios para tentar a Adán y Eva y decirles que si comían del fruto prohibido, fruto que pertenecía al árbol del conocimiento, llegarían a ser como dioses. La función de esta figura mitológica y arquetípica es poco comprendida, ya que por un lado nos permite la libertad de ser individuos frente al «Uno-Todo» y por otro lado se convierte en el tentador, en el rebelde, el inconformista que quiere salirse con la suya. Así, el dios Mara tentaba una y otra vez a Buda, mientras Lucifer tentaba a Jesucristo en el desierto y Xólotl se enfrentaba a su hermano Quetzalcóatl por el poder.

Comprender la citada figura mítica, que aquí denominaremos nuestro «libertador», es indispensable para comprender el porqué de nuestra conciencia dormida. El libertador nos confiere autonomía e individualidad, aunque ello nos puede perjudicar si, como ha sucedido, nos alejamos de nuestros orígenes y terminamos perdidos y desorientados sin saber de dónde venimos y hacia dónde vamos, siendo el libertador para aquellos que realizan un trabajo de auto-conciencia tanto una guía hacia la libertad individual como una guía para retornar hacia el origen primordial, ya que en el «yo» que nos dio el libertador se encuentra toda la trayectoria de nuestra conciencia, y es en ella donde encontraremos el camino de regreso para poder ver las cosas «tal cual son», a lo que añadiremos la experiencia creativa de nuestra propia individualidad.

Nos explica Ken Wilder, junto con otros autores, la fuerza creativa del dios Eros, y cómo frente a este se encuentra Tanatos, dios de la muerte, siendo el primero el impulsor de la vida y de la creatividad, mientras Tanatos pone fin a la vida y la creación. Pero hay que comprender que precisamente la muerte es el punto álgido o el cénit de la creación, ya que se convierte en la finalidad última de nuestras vidas, donde nuestra obra creativa fracasará o tendrá éxito. Tanatos cierra y abre nuevos ciclos a Eros, de modo que siempre tendrá nuevas oportunidades de crear, de dar impulso a nuevas formas de vida y a su creatividad, por lo que Eros no se quedará estancado en el formato de sus creaciones, lo que lo paralizaría. Lo creado tendrá que ser tarde o temprano destruido, siendo este un ciclo continuo de renovación de la vida.

12. LA CONCIENCIA MENTAL Y EL ESTADO DE VIGILIA

De nuevo aludimos al despertar de la conciencia en el que tanto insisten los maestros e iluminados de todas las épocas y tiempos de la humanidad. ¿Realmente nuestra conciencia anda dormida en el estado de vigilia? Sí, efectivamente.

En el actual estado de conciencia mental hemos forjado un «yo» muy fuerte, demasiado individual, que provoca lo que el maestro Samael llama «herejía de la separatividad», la peor de las herejías. Esta separación de nuestros orígenes, como hemos indicado, nos extravía, haciéndonos olvidar nuestras raíces, nuestro propio génesis, y con ello perdemos el norte o nuestro regio destino.

A nuestro hogar original volveremos con mayor o menor sabiduría, dependiendo de la creatividad desplegada en nuestro camino de realización.

La necesidad de despertar conciencia viene de la mano de nuestra realización íntima, pues el descubrir la plenitud de nuestro Ser es la motivación del espíritu de Zoé.

Como ya hemos visto, con la conciencia mental adquirida por la humanidad, la conciencia se desplazó al mundo exterior, quedando los otros dos estados de conciencia, el sueño profundo y el mundo onírico, carentes de significación. Y ello nos ciega, puesto que dejamos gran parte de nuestra naturaleza y existencia sin validar; dejamos sin sentido todo nuestro proceso del dormir, del soñar y del sueño profundo. Este olvido o extravío es lo que nos ha provocado el enorme temor a la muerte, ya que estando solo ubicados en el «yo» y en el estado de vigilia o mundo exterior hemos perdido la conexión real con ella.

Por ello es necesario revivir el alma, dar reconocimiento a nuestros estados interiores, emociones, instintos, bases conceptuales, etc. Pero sobre todo reconocer la realidad y naturaleza del mundo onírico y del sueño profundo.

En nuestro extravío solo reconocemos la dimensión física-corporal, aún a sabiendas de que toda la realidad física es totalmente interdependiente, es decir, depende de las estaciones del año, depende del día y la noche, de los elementos básicos de la naturaleza fuego, aire, agua, tierra; debiendo reconocer la dependencia del cuerpo de los estados del sueño y del sueño profundo.

Reconocer y asumir la realidad del mundo onírico y el sueño profundo nos descubrirá los misterios de la muerte. La ciencia de los psicopompos griegos y egipcios, más la ciencia del yoga del sueño —y digo ciencia, porque se debe presentar como técnicas experimentables que nos revelarán el acierto del *Bardo Thödol* de Padmasambhava—, tienen hoy una trascendencia tan necesaria como su falta de vigencia.

La muerte se ha convertido para la actual civilización occidental en el mayor dolor y sufrimiento que se puede experimentar, y todo ello debido al alejamiento de nuestros orígenes y estados de conciencia anteriores. Hoy en día se requiere de una conciencia integral que pueda trascender el estado de conciencia mental y sus límites.

El sueño de Zoé hoy es una realidad. Aunque en apariencia se supone que estamos despiertos, cuando nos levantamos de la cama y andamos por la existencia de aquí para allá, el simple hecho de no reconocer los sueños y su potencial, así como el sueño profundo, es suficiente motivo para evidenciar nuestra inconsciencia respecto a nosotros mismos.

Los sueños nos van a ir indicando si construimos o subimos, o, si destruimos y bajamos, si evolucionamos o involucionamos. Toda vivencia onírica, así como nuestros estados de vigilia, están siempre interconectados y son co-producidos, de tal modo que la realidad que nos envuelve es tanto un producto nuestro como del entorno colectivo, del que también somos co-productores. La realidad que nos envuelve es un producto que hemos forjado desde nuestros orígenes y en el que hemos participado desde lo intemporal. ¿Cómo es eso de participar desde lo intemporal? Pues cuando experimentamos el mundo onírico vemos que el tiempo es relativo; nos parece tanto que el tiempo no transcurre como que en instantes vivimos multitud de acontecimientos. Esa conciencia intemporal hace que el pasado y el presente, así como el futuro, no se rijan con el cronómetro, a pesar de que en el estado de vigilia sometamos el tiempo a un férreo control.

Lo intemporal del sueño o estado de conciencia mágico nos acerca a lo atemporal, que nos permitirá percibir el estado arcaico, acercándonos al estado de sueño profundo. Aquí encontraremos nuestro origen primordial y se nos descubrirá la realidad del «bardo de la verdad en sí», con el consecuente encuentro del «hijo con la Madre Clara Luz».

«Oh, noble hijo, reconoce que todos los fenómenos que constatas, todas las impresiones espantosas son tus propias proyecciones. Reconoce que la clara luz es tu propio conocimiento, tu propia irradiación. Si de esta forma obtienes la visión penetrante, sin la menor duda, inmediatamente, te convertirás en Buda.
Así es, y eso ocurrirá sin duda alguna. En un instante quedarás despierto. Recuérdalo».

Bardo Thödol

Este reconocimiento del hijo con su «Madre Clara luz» se refiere a un encuentro con nuestros orígenes esenciales, donde la luz carece de sombras.

Como vemos, la conciencia mental no nos da todas las respuestas sobre la vida y la muerte, ni el estado de vigilia es el único estado de conciencia válido como se supone.

13. UNA ENSEÑANZA TRASCENDENTAL ANTES DE MORIR

En todas las tradiciones espirituales encontramos una similitud última, y esta es la «unidad-no dual». Así, tenemos la filosofía advaita (no-dualidad), el *gnama*-yoga (el yoga del conocimiento), el taoísmo, el *dzogchen* (gran perfección) tibetano o el *tantra* supremo, eso por Oriente. En Occidente, las enseñanzas de Hermes Trimegisto y su «Todo es Uno y Uno es Todo»; también a Pitágoras, Platón y Plotino, este último con sus *Eneadas* y su filosofía del «Uno-Bien», como también los cristianos gnósticos, siguiendo con la mística hebrea sobre el árbol de la vida y el «*Ain*» (ojo-visión), origen de aquel. Todas estas diferentes tradiciones tienen en común la «unidad-no dual»; aunque sus enseñanzas o métodos varíen, su cénit es el mismo, pues no podría ser de otro modo, ya que al final nuestro recorrido del conocimiento de «nosotros mismos» se encuentra la conciencia en su origen primordial.

Este final, cumbre o cénit de estas enseñanzas nos devela la realidad última de la conciencia y del Ser. Esto resulta tan básico y fundamental como el recorrido que realizamos en nuestras vidas desde que nacemos hasta nuestro día final. Llegado el momento de desencarnar, el difunto se verá pasando las pruebas iniciáticas.

El difunto será examinado, se presentará ante sí mismo realizando una recapitulación de su vida, se encontrará con todos los valores positivos y negativos que haya creado y desarrollado en su existencia. El propio difunto se examinará a sí mismo y sacará su nota final sumando y restando sus valores positivos y negativos, sus virtudes y defectos, que darán una nota ya sea insuficiente, suficiente, bien, notable o sobresaliente.

No hay trampa ni engaño en este juicio o examen final, pues es uno mismo el que en su mundo interior irremediablemente se ve a sí mismo. Este hecho puede sorprender a creyentes y escépticos, pero estamos aludiendo a una responsabilidad propia, que no depende de nadie más que de uno mismo.

No se trata de dogmas o creencias; lo dicho es experimentable si uno se ejercita en el yoga del sueño y realiza un trabajo de indagación e investigación sobre su conciencia. Como hemos comentado, es reconocido el hecho de que muchos, ante una experiencia cercana a la muerte, han revivido su vida en cuestión de segundos; como se ha mencionado, también sucede este hecho de recapitular la existencia en momentos de gran peligro o impacto para la conciencia.

En las enseñanzas del *Bardo Thödol* se nos dice que el término bardo significa transitorio, y ya sabemos que hay seis bardos en la tradición budista: 1. Bardo natural de la vida (*skyengas bardo*); 2. Bardo del sueño (*rmilam bardo*); 3. Bardo de la meditación (*dhyana bardo*); 4. Bardo doloroso de la muerte (*chikhai bardo*); 5. Bardo *darmata* o de la verdad en sí (*chosnyid bardo*); 6. Bardo del devenir o del *karma* (*sidpa bardo*), siendo en el «bardo de la verdad en sí» donde el difunto se encuentra con su luz primordial, con su conciencia esencial, con la luz o conciencia sin sombras, es decir, incontaminada. Nosotros en vida podemos buscar esa luz incontaminada mediante el yoga del sueño y la meditación, esto es el «bardo del sueño» (*rmilam bardo*) y el «bardo de la meditación» (*bsangtan bardo*). Todos los bardos tienen su semejanza transitoria, su principio y final, siendo el «bardo de la verdad en sí» la cumbre, donde encontraremos nuestra realización si somos capaces de reconocer la luz sin sombras o luz original.

Cuando descubrimos esa «luz primordial» y logramos establecernos en ella, o siquiera reconocerla y sostenernos en ella, alcanzamos la liberación, el despertar, la iluminación. En la «verdad en sí» encontramos la luz y la «unidad-no dual», esto es un estado de conciencia incontaminado y sin condicionamientos del ego o «yo». Esto significa el pleno reconocimiento de nuestros orígenes, tanto espirituales como materiales.

Es nuestra misma conciencia incontaminada la que, sin condenar ni justificar nuestros valores, virtudes y defectos, nos mostrará nuestra actual situación «tal cual es». La conciencia primordial no puede hacer un juicio de valores al uso, pues toda moral humana está condicionada por sus creencias, tradiciones, religiones, modismos sociales, etc. Lo que la luz primordial nos muestra son los efectos que el miedo ejerce sobre nosotros, el efecto que el orgullo tiene sobre nosotros, y así nos va mostrando los diferentes efectos que nuestras actitudes tienen sobre nosotros mismos; los efectos de la vanidad, el apego, la lujuria, la ira, la pereza, etc. También las virtudes se verán reflejadas en su efecto y en la consecuente potenciación de la luz.

Tras el «bardo de la verdad en sí», o nos liberamos o pasamos al «bardo o tránsito del devenir» (*sidpa bardo*), donde nuestro *karma* (acción y consecuencia) nos encaminará hacia un destino provocado por nosotros mismos en base a los valores adquiridos.

No estamos diciendo nada del otro mundo; la realidad es que cada día de nuestras vidas vamos pasando sucesivamente por bardo tras bardo, tránsito tras tránsito, saboreando o experimentando los efectos y causas de nuestros valores, y con ello se va marcando nuestro devenir, nuestro *karma*, nuestro destino. Lo que estamos diciendo no son suposiciones, creencias o cuentos, sino que estamos hablando de una realidad que constante, diariamente, estamos viviendo. El yoga del sueño y la meditación, sobre todo la contemplativa, sencillamente nos permiten tomar mayor conciencia de nuestra realidad.

El destino de cada cual y su *karma* dependen exclusivamente de sí mismo, de sus propios valores, aunque podemos justificarnos con los condicionamientos sociales y culturales que hemos vivido. Pero en el momento de desencarnar solo nos encontraremos ante nuestro propio mundo interior. Y de hecho nosotros somos copartícipes de nuestro propio ámbito cultural y social.

Todas las grandes enseñanzas espirituales nos deben llevar hacia el buen morir, procurando que nuestro examen final pueda ser sobradamente superado. Citemos ahora un artículo mío donde comento:

«Toda la Fe cristiana gira en torno a la resurrección de Jesucristo. Y no menos sucede en el budismo, donde su aspiración doctrinaria busca liberarse de la rueda del samsara o ciclos de nacimientos y muertes, siendo tal hecho evidente cuando se consigue el 'cuerpo arcoíris', respecto a lo que nos dice el actual Dalai Lama: 'No se trata tan solo de relatos de ciencia-ficción religiosa sino de testimonios fidedignos que nos trasmiten el esperanzador mensaje de que, desde épocas inmemoriales, los seres humanos hemos gozado de una tecnología espiritual capaz de vencer nuestras habituales limitaciones espacio-temporales'.

Y también nos dice Dudjom Rimpoché, cabeza de la escuela Nyingma [antigua] del budismo tibetano: 'Sería imposible enumerar a todos aquellos que han alcanzado el 'cuerpo arcoíris' gracias a las enseñanzas del dzogchen [Gran perfección: las enseñanzas más esotéricas del budismo tibetano, a las que pertenece por cierto el Bardo Thödol].

No se trata, pues, de meras leyendas trasnochadas, ya que existen testimonios altamente fiables de que en nuestra época también han sido varios los individuos que han alcanzado tan insólito logro'.

Y otro testimonio nos lo da el lama Tulku Urgyen, que dice así: 'Dentro del mundo cristiano algunos investigadores, como el padre Francis Tiso, sacerdote católico, estudiante de lenguas y culturas diversas, y entre ellas la tibetana y el Canon de la catedral de San Pedro Isemia en Italia, así como vicario parroquial en Mill Valley asociado a la archidiócesis de San Francisco, California, han mostrado un gran interés para con el examen de este extraordinario fenómeno en el cual encuentran un sorprendente paralelismo con los hechos de la muerte de Jesús de Nazareth. El padre Tiso decidió viajar al Tíbet con el propósito de investigar el caso más reciente de cuerpo arcoíris, el cual fue manifestado en 1998 por un contemplativo de la escuela Gelugpa del budismo tibetano llamado Khenpo A-chos'».

Añadimos ahora lo que el sacerdote católico Francis Tiso nos comenta en su libro *Cuerpo arcoíris y resurrección: logro espiritual, la disolución del cuerpo material y el caso de Khempo A Chö:*

«Si el cuerpo arcoíris es la muerte de la muerte, entonces la forma en que se discute también debe estar libre de cualquier tono de reivindicación de un sistema u otro, de uno u otro extremo. De lo contrario, el fenómeno del cuerpo arcoíris corre el mismo peligro que la doctrina cristiana de la resurrección, que a veces se ha presentado, no como una afirmación de la trascendencia, sino como un mensaje convincente de conversión sectaria.

Por esta razón, debemos mirar mas allá de las particularidades sectarias del cuerpo arcoíris, tal como se presenta en las escuelas Bonpo y Nyingma del tantrismo tibetano. Parte de la literatura reciente, y en particular los blogs populares sobre el tema, indican que el fenómeno está siendo mal utilizado como un dispositivo de proselitismo sectario. Aquí, tenemos que preguntarnos si un encuentro con un fenómeno que impulsa nuestra respuesta reflexiva, en otras palabras, una experiencia que cambia la vida, se abarata si se reduce a una razón para ponerse en una categoría o grupo particular. El viejo principio legal parece extrañamente apto: 'Lo que toca a todos debe ser aprobado por todos'. Si la resurrección es solo la resurrección de Jesús, sigue siendo un reclamo que uno puede o no creer, sin implicaciones particulares para la propia vida. Si esa resurrección implica que todos tarde o temprano resucitarán de los muertos, entonces uno debe permanecer escéptico, o bien, 'iusted [itodos!] debe cambiar su vida', como escribió Rilke en su exquisito poema sobre 'Un Torso Arcaico de Apolo'. La misma implicación universal solo puede evitarse en el caso de Khenpo A Chö por un acto voluntario de indiferencia. Tanto el cuerpo arcoíris como la resurrección son afirmaciones que hacen afirmaciones sobre las posibilidades humanas alcanzables por todos los seres humanos bajo ciertas condiciones. Lo que se ha imaginado que sucedió en una persona puede imaginarse que le sucede a cualquiera, independientemente de la fe subjetiva o el punto de vista de una persona en particular. El impulso más profundo de la imaginación religiosa, en otras palabras, se extiende mas allá del mero reclutamiento denominacional para hacer afirmaciones universales sobre la naturaleza de la persona humana, y esas afirmaciones exigen un cambio en nuestras vidas».

Por tanto, no podemos entrar en sectarismos, como dice Francisco Tiso, «si el cuerpo arcoíris es la muerte de la muerte».

14. ASISTIR AL DIFUNTO

Difícilmente podemos hoy asistir, guiar y acompañar al difunto en su proceso de desencarnar aquí en Occidente, ya que nos hemos alejado demasiado de nuestra realidad esencial. Pero siempre podemos transmitirle la paz y la serenidad que se requiere para pasar por el «bardo doloroso de la muerte» (*chikhai bardo*).

Dependiendo de sus creencias y comprensión al respecto, se le podrá orientar con mayor eficacia o no, ya sea ateo, escéptico, creyente, religioso, etc. Para muchos occidentales el libro *Bardo Thödol* no es eficaz porque no lo han estudiado, ni investigado ni practicado sus enseñanzas. Dice el *Bardo Thödol* («Visión de las divinidades iracundas»):

«La situación, sin embargo, no es la misma, ya que ahora se trata del estado intermedio de las divinidades iracundas. El muerto quedará confundido por su miedo, su angustia y espanto. Le resultará entonces cada vez más difícil reconocer la verdad, pues el espíritu no es dueño de sí. Le invade el vértigo y se desvanece. Pero si alcanza, aunque sea poco, la visión penetrante, obtiene fácilmente la liberación. ¿Y cómo? Porque el espíritu ocupado por el miedo y la angustia no conoce ninguna distracción, tan concentrado está en su temor.

Si en esta situación uno no encuentra estas enseñanzas, resultará inútil todo un océano de conocimientos teóricos. Los sacerdotes que siguen la regla, los monjes y los metafísicos, que quedarán entonces confundidos al no reconocer la verdad, deberán errar nuevamente por el ciclo de las existencias. La mayoría de los individuos ordinarios buscan la forma de escapar a este miedo y a esa angustia. Se precipitan en los abismos sin fondo de los estados de existencia inferiores en los que deberán sufrir.

Mas el yogui que ha puesto en práctica la enseñanza tántrica, aunque sea un ser inferior sabrá, desde el momento en que vea las legiones celestes de los bebedores de sangre, como si reconociese a unos amigos, que se trata de las divinidades de consagración, y tendrá toda confianza en ellos. Se unificará con ellos y se convertirá en Buda».

Nos habla este texto de la necesidad de la práctica de las enseñanzas del *tantra* para poder enfrentarnos a nuestros valores o defectos negativos, denominados aquí «divinidades iracundas» y «legiones celestes de los bebedores de sangre», siendo efectivamente las enseñanzas del *tantra* muy eficaces para la transformación inmediata de nuestras proyecciones negativas.

Por tanto, el difunto que no conoce las enseñanzas adecuadas para superar y trascender su negatividad tendrá que asumir su *karma*, su devenir, cediendo a sus temores, ira, orgullo, pereza, etc. En estos casos solo nos quedará acompañarlo procurándole serenidad y paz.

Una guía sobre el «bardo doloroso de la muerte»

Como se ha dicho, actualmente se ven cada vez menos muertes naturales debidas al paso de los años o la ancianidad. El proceso de muerte varía bastante dependiendo de enfermedades, medicamentos, asistencias clínicas, etc. siendo también diferentes las muertes repentinas por fallos del corazón o por accidente. Es habitual que en las muertes repentinas el difunto pase por un espacio intemporal, donde no reconoce lo que le ha sucedido, hasta que descubre que tuvo un accidente o que murió súbitamente debido a un fallo del corazón. En estos casos, insistimos, será necesario transmitir serenidad y paz.

Cuando la muerte se produce por causas naturales se puede reconocer el proceso que se explica en las enseñanzas del *Libro tibetano de los muertos*. Este proceso se relata en base a los elementos básicos de la naturaleza, de los que en realidad estamos formados: tierra, agua, fuego, aire, y éter (campo electromagnético).

Prueba de la tierra

El moribundo va viendo cómo su cuerpo se debilita, perdiendo toda su energía vital; ya en su lecho apenas puede moverse. Es como si se estuviera despojando de todo lo material y caduco. Cuanto más apego tenga el difunto a las cosas materiales, negocios, trabajo, inmuebles, familia, etc., más largo y costoso le resultará pasar por la prueba de la tierra; su apego a lo material le hará sufrir y padecer, prolongando su agonía.

El moribundo finalmente experimentará como un gran terremoto; sentirá como si todo su cuerpo fuera sacudido, y viendo que no tiene dónde apoyarse con firmeza, intentará agarrarse a lo que tenga a mano; si nos toma la mano en esos instantes la cogerá con todas las fuerzas que le quedan.

Si el moribundo conoce estos pasos que estamos indicando le resultará más accesible reconocer lo que le está sucediendo, facilitándole el paso por este tránsito. Si sabe lo que le acaece, nosotros podremos ayudarle recordándole lo que está experimentando.

Prueba del agua

Una vez el elemento tierra en el «bardo doloroso de la muerte» es disuelto, viene la disolución de agua. Ahora podremos observar cómo el moribundo va perdiendo elasticidad; lo veremos en sus labios, que se resecaran, y encontrará alivio mojándole la boca con una gasa húmeda. También veremos que si pellizcamos o levantamos su piel esta casi no retornará a su posición por falta de humedad.

El moribundo sentirá en última estancia como si un tsunami se lo llevara; en esta prueba del agua deberá aceptar y amoldarse a la nueva situación, en ello consiste la prueba de agua, que también en vida experimentamos cada vez que una nueva circunstancia, deseada o no, nos sobreviene en los aconteceres de nuestro vivir diario. Al igual que el elemento agua se adapta a cualquier forma que la contenga, así nosotros debemos permitir que nuestras emociones se adapten a cada circunstancia agradable o desagradable que nos sobrevenga.

Al moribundo se le puede asistir recordándole lo que le está sucediendo en ese momento.

Prueba del fuego

Una vez la energía vital del elemento agua se ha disuelto, vendrá la prueba del fuego. Entonces el difunto empezará a enfriarse, empezando por las extremidades; aparecerá el característico color morado del frío, primero en las manos, pies y labios. Sentirá cierto alivio si lo cubrimos. Cuando el fuego se disuelva totalmente el moribundo experimentará como si un bosque en llamas lo rodeara.

En esta prueba tendrá que trascender su ira y orgullo, ya que estas características son las que mueven el elemento fuego. Si de algún modo hemos realizado un trabajo de comprensión y trascendencia sobre la ira y el orgullo en esta existencia podremos pasar con mejor facilidad esta prueba.

Prueba del aire

Después de disolverse el fuego, vendrá la prueba del aire. Entonces veremos cómo la respiración del moribundo cada vez es menor y encuentra mayor dificultad en respirar; se suele poner un espejo o cristal la boca y la nariz para ver la fluidez de su respiración. En esta prueba, así como en las demás, el apego es una condición dolorosa. Pero en la prueba del aire, el apego se ciñe a uno mismo, es decir, apego a lo que hemos sentido y pensado, apego a nuestras creencias y dogmas, en definitiva, apego a nuestro ego.

La vida se incorpora a nosotros cuando nacemos con nuestra primera inhalación, y nuestra última exhalación será el momento en que nos desprenderemos del cuerpo físico.

Como vemos, y como enseñó el Buda, el apego es la primera causa de nuestro sufrimiento. Nuestra vida en realidad debería ser una preparación para el buen morir, porque muriendo o comprendiendo el verdadero significado de la vida facilitaremos la trascendencia de nuestro Ser, sacando una buena nota en nuestro examen final.

15. LA LUZ CLARA

La vía contemplativa de la meditación es la mejor herramienta para el yoga de sueño y para alcanzar la realización o la cumbre de nuestro Ser. La contemplación se sostiene en el silencio, siendo este un estado que acompaña a nuestra lucidez, permitiéndonos adquirir una conciencia integral.

La contemplación y el silencio aumentan nuestra atención en el presente, en el aquí y ahora. Con ello podremos aumentar nuestra lucidez en el mundo onírico, a la vez que esto nos acercará a la luz clara que encontrará el difunto una vez pase por el «bardo doloroso de la muerte» y se encuentre con el «bardo de la verdad en sí».

La conciencia integral une todos los estados de conciencia que el ser humano ha desarrollado y aquellos que aún permanecen en su estado potencial. Llegar al final de nuestros días con conciencia integral es haber despertado en toda nuestra realidad, en todo nuestro Ser y su naturaleza, lo que nos permitirá reconocer la luz clara en vida.

Los que han vivido una experiencia *post mortem* suelen describir un túnel oscuro que al final tiene una gran luz. Dicen los expertos que ese túnel es nuestra propia columna vertebral, que al final culmina en el chacra *Sahasrara*, situado arriba de nuestra cabeza y donde se halla la luz. Este chacra abierto concede la polividencia, esto es el poder ver las cosas «tal cual son», sin contaminación alguna, con plena pureza. Esa es la luz clara.

En realidad esta luz es un estado de lucidez plena, donde uno comprende toda su realidad, su origen y su presente.

Es por ello que la contemplación nos facilita acceder a la luz clara.

Veamos, ¿qué es el silencio? Este no es la carencia de sonidos, ya que, aún estando totalmente aislados en una cueva o habitación, escucharíamos el sonido de nuestro cuerpo. El silencio es un estado que nos va llevando a la plena atención, que es el propósito de la contemplación. Pero aparte de atención, ¿qué más podemos encontrar en el silencio? Pues en el silencio, aunque aparentemente no hay nada, encontraremos conciencia, luz, atención plena, inspiración, experiencia de Ser en su naturaleza innata.

La experiencia de la contemplación y el silencio es semejante a lo que en el budismo denominan «vacío» o *sunyata* Cada vez que entramos en mayor profundidad en el silencio o vacío nos vamos desapegando y desprendiendo de nuestro querido «yo». Es como un morir, un desasirse de uno mismo, lo que nos permitirá enfrentarnos con mayor lucidez a la hora final.

El «yo» siempre tiene miedo de desaparecer, de desintegrarse o morir, pero de modo irremediable eso será así y ello nos atormenta. Si solo tenemos la visión del «yo» es lógico que tengamos ese temor, esa turbación; pero es diferente cuando de modo inteligente somos capaces de sortear y trascender los límites del «yo», pues entonces obtendremos una apertura ilimitada hacia una realización plena, donde nuestra naturaleza original podrá hacernos ver el pleno sentido de nuestras vidas.

Lo explicaré del siguiente modo. Somos nosotros mismos quienes construimos y desarrollamos nuestro «yo», tanto en su aspecto individual como social. Aquí entra, como diría Ken Wilbert, el «yo», el «ello», el «nosotros» y el «vosotros»; somos copartícipes en todo ello. Si aplicamos la metáfora de que somos arquitectos de «nosotros mismos» y se nos dice de construir una cárcel y como arquitectos la diseñamos y planificamos, nos implicaremos en toda su construcción que, una vez acabada, nos agradará tanto la cárcel que hemos hecho que decidiremos quedarnos a vivir en ella, volviéndonos prisioneros de nuestra propia obra. Quizás esa construcción sea hermosa, bella, con jardines, y cómodas estancias, pero al fin y al cabo seremos sus prisioneros. El «yo» se aferra a esa construcción y no querrá desprenderse de su obra, aunque no sea del todo de su gusto; entonces, cuando surge el apego y no queremos desprendernos, viene el dolor, el sufrimiento, que no nos permite ver que aquello que construimos sí o sí se vendrá abajo, se derrumbará y morirá.

Entonces ¿qué queda tras la muerte o el desprendimiento del ego? Responder a esta pregunta es diferenciar el sueño de la conciencia del despertar de la conciencia. En el sueño nos quedamos atrapados, como se quedó Brahma atrapado en su propia creación. Despertar es reconocer que no tenemos que quedar limitados por nuestra creación, que implica el «yo», el «ello», el «nosotros» y el «vosotros», abriendo la puerta a nuevas fronteras, a nuevos espacios, a nuevas creaciones y a una infinitud propia de la conciencia original.

El sueño del ego es no comprender que es una parcela, que es un ente que hemos formado pero que no contiene toda la realidad del Ser. En cambio, el Ser, por su naturaleza es ilimitado, porque, aunque puede estar condicionado por el cuerpo, por circunstancias personales, familiares, sociales, etc., conoce y reconoce que todo es temporal. Por tanto es efímero, y no por ello este hecho deja de ser doloroso, aunque tal dolor será transitorio. Mientras, la vida continuará y esa continuidad es el espíritu de Zoé, y no importa que continúe conforme a nuestros planes, porque el plan no es del «yo-parcela» sino un plan que nos unifica a todos. He ahí la unidad-no dual.

Nuestras creencias y normas sociales forman parte de nuestro «yo, ello, nosotros y vosotros»; el «yo» corresponde a nuestra intimidad, el «ello» a nuestro genotipo, el «nosotros» a nuestro interior (propio) colectivo cultural y el «nosotros» al exterior colectivo social. Este esquema de Ken Wilder concreta esta cuestión:

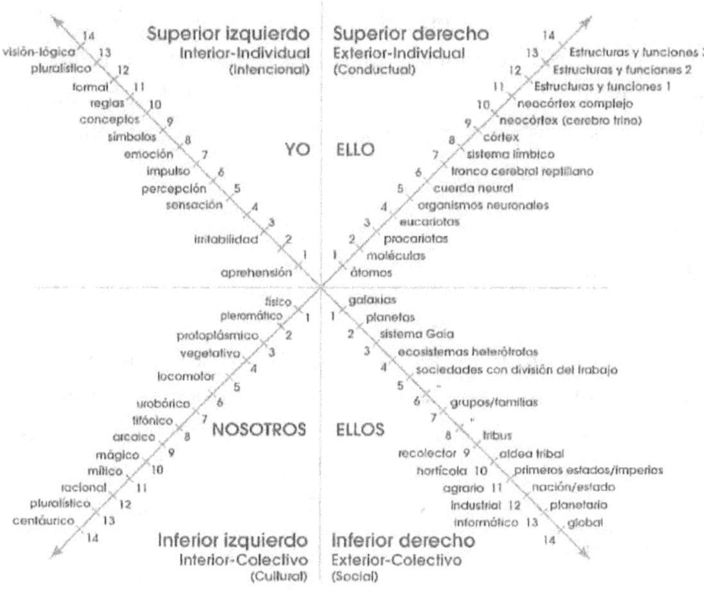

Fuente: Ken Wilder.

Ante este esquema de nuestro «sí mismo» debemos tener presente que nuestros orígenes fueron «vacíos», provenientes de la luz clara, es decir, sin contaminación. Sin embargo, el vacío luminoso tiene toda la potencialidad creativa de un espacio incondicionado.

Cuando la contemplación nos lleva a descubrir la luz clara comprendemos que somos co-creadores de nuestra realidad, que venimos a coparticipar en el «yo», el «ello», el «nosotros» y el «vosotros». Y en tal descubrimiento veremos claramente que hemos sido nosotros mismos los creadores de nuestros cielos e infiernos, de nuestros ángeles y demonios, de nuestro propio *karma* y de nuestros condicionamientos o limitaciones psicológicas (estrés, ansiedad, adicciones, miedos, vanidades, fantasías, etc.), por lo que nuestro origen se convertirá en nuestra guía salvadora.

Es por ello que necesitamos del sueño profundo cada noche, y también es necesario comprender que la muerte es en el «bardo de la verdad en sí». Un sueño profundo donde la luz clara se nos presenta de modo natural, recordándonos de dónde venimos.

Unidad-no dual

La luz clara, también llamada «luz increada» y «luz sin sombras», contiene un potencial único, de donde todo emana. Esta cualidad de la unidad es el amor. Hemos malgastado la palabra «amor», metiendo en ella nuestros deseos personales, nuestro «yo» o nuestra individualidad, sin que dicha individualidad estuviera plena, libre, integral.

Me van a permitir que simplifique la idea de la unidad no dual preguntando de nuevo: ¿qué fue primero, el huevo o la gallina? Para el estado mental racional esta pregunta no tiene una respuesta, pues el estado de conciencia mental-racional queda sometido a sus limitaciones y, entre ellas, la dualidad y lo temporal. Por tanto, para la mente racional resulta imposible reconciliar los opuestos; y respecto a lo temporal, el «yo» mental-racional está encasillado en lo transitorio, en lo existencial, aunque no lo reconoce, puesto que su visión está establecida en el estado de vigilia y, como ya hemos comentado, en el estado de vigilia ordinario hemos hecho del cronómetro nuestro dueño y señor.

Al estar sometida a lo temporal, la mente racional no puede discernir sobre qué fue primero, si la gallina o el huevo. Mas cuando nos elevamos hacia una conciencia integral y unificamos todos nuestros estados de conciencia, arcaico, mágico, mítico, mental e integral, entonces podemos experimentar lo temporal, lo intemporal y lo atemporal, lo que nos permitirá experimentar en un presente lúcido que el huevo y gallina son «Uno-Todo», donde no hay un antes y después, ni principio ni final, sino un presente siempre actual, donde los opuestos son complementarios en la unidad-no dual.

En la conciencia integral vemos claramente la continuidad del espíritu de Zoé, que trasciende el paso del tiempo, pues precede al mismo tiempo.

Con la luz clara podemos distinguir y discernir sobre la realidad de nuestro «yo» y de nuestro Ser. El «yo» genera división empezando por crear un «tú» frente al «yo», y siguiendo dicha separación en todos los aspectos de la vida, diferenciándonos de unos y otros, y de todas las cosas que hay a nuestro alrededor, mientras que el Ser concilia, integra, unifica, puesto que el Ser en su origen es «vacío», lo que le concede una conciencia prístina, pura y lúcida, donde no hay fronteras ni separaciones, ni divisiones. Entonces existe un contraste entre el Ser y el «yo», en el cual el ego tiende a separarse del Ser, pues ve su supervivencia en peligro, mientras que el Ser no excluye, no diferencia, sino que comprende el paso de lo temporal, el paso de lo existencial, sin condenar o justificar las acciones, aunque estas acciones tendrán sus consecuencias, su *karma*. Tal separación entre el «yo» y el resto también nos impide lograr esa unidad meditativa que hemos mencionado en referencia al Dr. Suzuki.

Las enseñanzas *dzogchen* del viejo Tíbet (que se incluyen en las enseñanzas del *Bardo Thödol*) nos hablan del estado de contemplación pleno, que es como el cielo o el espacio, es decir claro, diáfano, puro, vacío, ilimitado; a este estado de conciencia lo denominan *dharmakaya*. Nos siguen enseñando que este espacio vacío contiene todo el potencial creativo. Como enseña el *Bardo Thödol,* al estado de *dharmakaya* le sigue el estado de *sambhogakaya*; en este segundo estado empiezan a surgir colores, sonidos vinculados a los cuatro elementos más el éter. Nos explican que el *sambhogakaya* es como las nubes que surgen en el cielo, que aparecen y desaparecen en el propio espacio. Digamos que en lenguaje occidental el *sambhogakaya* sería el espacio intermedio entre el espíritu y lo material, el mundo psíquico y onírico. En tercer lugar surge el *nirmanakaya,* que viene a ser la manifestación del cuerpo de un buda o iluminado; y dicen al respecto que este estado material, físico, también desaparece en el espacio. Esta disolución hecha o realizada a conciencia se convierte en el «cuerpo arcoíris», que Francisco Tiso investiga en el caso del lama Khenpo A Chö.

Todo surge de la unidad-no dual o luz clara, el *dharmakaya,* que es un vacío que es a la vez pleno por sus posibilidades ilimitadas de creación, pues carece de limitaciones, ya que el vacío o luz clara es el propio espacio.

Cuando se manifiesta el *sambhogakaya* o el psiquismo y comienzan a aparecer luces, colores, sonidos, etc., empezamos a ver las enormes opciones y posibilidades creativas, aún en ciernes. Podemos ver cómo se inicia todo un mundo manifestado, evolucionando hacia la cristalización de las formas existenciales. Es decir, vamos pasando del sueño profundo al mundo onírico en fase constructiva, que se va dirigiendo hacia el estado de vigilia o cristalización de las formas materiales. Debemos leer con detenimiento y reflexión el *Bardo Thödol* para comprender este proceso, que va del vacío a la encarnación de todo lo existente.

El *sambhogakaya,* que se viene a vincular con lo que los ocultistas occidentales denominan mundo astral, sirve de paso tanto a la creación-evolución como a la desconstrucción-involución. Tomar conciencia del mundo onírico nos permitirá reconocer cómo cocreamos y cómo codestruimos. Surge entonces la pregunta: ¿por qué destruir aquello que hemos construido? Esta pregunta, para el «yo» que hemos creado nosotros mismos resulta inexplicable debido a nuestro temor a dejar de existir; pero si nos abrimos a nuestras fuentes originales, donde hallaremos la luz primordial, veremos la inexorable continuidad del espíritu de Zoé, es decir, la realidad permanece en un océano de vida universal, sin estar limitada por parcelas o simples gotas que vienen y van.

Si nuestro «yo» es a la vez un «ello», un «nosotros» y un «vosotros» no podemos excluir la totalidad ante una pequeñísima porción del «yo». Nuestra conciencia no tendría sentido alguno si no partiera de la unidad del «Uno-Todo» y se perdiera entre pequeñas parcelas. Recordemos el sueño de Brahma:

«En el estado de nirmanakaya, aunque tengamos cuerpo físico o una parcela propia, la conciencia sabe que no es esa parcela, sabe entonces que es una unidad dentro del océano de la vida libre en su movimiento».

La práctica del yoga del sueño nos lleva al pleno conocimiento de nosotros mismos, con lo que podremos comprender que somos nosotros mismos, bajo nuestra única responsabilidad, los creadores de nuestros cielos e infiernos, de nuestra construcción y desconstrucción, de nuestra evolución o involución. Si creamos dependencia de ciertas instituciones religiosas, sociales, filosóficas, científicas, etc. dejaremos a su merced nuestro «yo», haciéndole depender de lo que otros digan o hagan, por lo que la disciplina de conocerse a uno mismo requiere plena responsabilidad y obviamente suficiente madurez para enfrentarse a una verdad plena que únicamente nuestra conciencia podrá descubrir por sí misma. Lógicamente podemos y debemos apoyarnos de unos y de otros en nuestro aprender, pero no debemos caer en la dependencia de los demás; nuestra madurez dependerá en exclusiva de nuestra capacidad de comprensión.

Por un lado tenemos la individualidad, por otro la colectividad. Si comprendemos que somos parte de un «Todo», pero que ese «Todo» no son pequeñas parcelas separadas unas de otras, como tampoco el mundo son pequeñas o grandes naciones separadas unas de otras, si nuestra conciencia se subyuga a lo colectivo parcelado, su fuerza dependerá de un conjunto de parcelas afines, como serían grupos sociales, políticos, religiosos, tendencias filosóficas o científicas, etc., que se encaminarán con mayor o menor acierto hacia la realidad de la vida. En cambio, si nuestra conciencia asimila de forma integral el «Uno-Todo», su fuerza ya no dependerá de parcelas individuales que se agrupan, sino de una fuerza universal que sobre lo humano-parcelado reina junto con el océano de la vida libre en su movimiento. Es decir, nuestra fuerza dejará de ser parcial o seccionada para unirse a un Todo universal.

El yoga del sueño nos permitirá ver si andamos construyendo la realidad del Ser o andamos destruyendo dicha realidad.

16. SÍNTESIS DEL BARDO THÖDOL

Primero tenemos el «bardo natural de la vida» (*skyen-gas bardo*). Este bardo –y recordemos que bardo significa tránsito– corresponde al estado normal de vigila y al estado mental racional. También corresponde a la *guna* o cualidad *tanas,* que es la inercia. Lo primero que debemos tener en cuenta es eso, que es un tránsito, algo temporal, y a ello debemos atenernos. Con ello tenemos que tomar conciencia de lo que es nuestra existencia en toda su dimensión y, como hemos repetido, eso equivale a tener en cuenta los otros estados de sueño y sueño profundo.

En este estado la influencia de la *guna tanas* o inercia permite que el tiempo transcurra con mayor lentitud, siendo esta cualidad una ventaja para poder ejercer la atención o concentración, tarea que hoy en día resulta difícil de aplicar por la vida tan estresante y con tantas complicaciones que llevamos, que termina sin dejarnos tiempo para dedicarnos a nosotros mismos, teniendo que poner remedio a esta situación para poder sacar provecho a nuestra existencia.

En segundo lugar, tenemos el «bardo del sueño» (*rmi-lam bardo*), que incluirá el estado de sueño, que corresponde a la *guna rajas* o emoción, en la que participará el estado de conciencia mágico y en parte el mítico. Aquí es necesaria la práctica del yoga del sueño, con sus cuatro luces: luz de revelación, luz de aumento, luz de realización inmediata y encuentro de la luz del hijo con la Madre Clara Luz.

Con este trabajo nos ejercitaremos en el despertar de la conciencia, que deberá ir ligado a nuestro trabajo de meditación y particularmente a la contemplativa, que realizaremos en el estado de vigilia.

En esta tarea tenemos que trabajar principalmente nuestras emociones, el temor, la vanidad, el apego, etc. En la medida en que tengamos dominio sobre las emociones, eso repercutirá de inmediato en nuestros sueños.

Creando conciencia del mundo onírico, crearemos conciencia de lo que vendremos a experimentar en el «bardo tras la defunción», adquiriendo lucidez de un estado que día tras día o noche tras noche experimentamos.

Tercero, tenemos el «bardo de la meditación» (*bsangtan bardo*). Este bardo es voluntario, es decir, que depende de nosotros el que lo apliquemos. Si trabajamos sobre la meditación hasta llegar a los estados contemplativos que pueden alcanzar la contemplación no dual pasiva y activa, eso nos permitirá unir el estado de vigilia con el de sueño. De hecho, lo recomendable es meditar siempre con cierto grado de sueño sin caer en el estado de sueño; se trata de que el estado de vigilia, donde la concentración nos es más accesible, vaya introduciéndose en el mundo onírico, de modo que vayamos estableciendo gradualmente mayor atención al mundo interior de los sueños, hasta que finalmente tengamos mayor lucidez dentro de ellos.

Cuarto, tenemos el «bardo doloroso de la muerte» (*chikhai bardo*), al cual nos hemos referido en el capítulo sobre «Cómo asistir al difunto». Si cada noche nos ejercitamos en el desapego o el desasimiento de nuestro diario vivir, así como de nuestro pequeño «yo» con todas sus tragicomedias, ello nos permitirá encarar nuestra hora final con mayor seguridad, claridad y determinación.

Quinto, tenemos el «bardo *darmata* o de la verdad en sí» (*chosnyid bardo*). Este bardo es el más complejo para nuestro entender. Se divide en tres partes: 1. El encuentro con la luz clara; 2. El encuentro con las divinidades pacíficas; 3. El encuentro con las divinidades iracundas.

Después de que el difunto haya exhalado el último aliento, se enseña que cae en un desmayo de tres días. Durante ese tiempo se produce el primer encuentro con la Madre Clara Luz, que se corresponde al estado de sueño profundo o sueño sin sueños, que se vincula con la *guna sattva* o pureza y el *dharmakaya*. Este encuentro solo es reconocible para los maestros contemplativos que en vida ya reconocieron la luz clara, es decir aquellos que en su ejercicio de autoconciencia reconocieron la propia conciencia en su naturaleza esencial, auto-sostenida y auto-luminosa. En parte ya hemos hablado de la luz clara en el capítulo anterior.

Dicen los lamas expertos en el tema que las personas comunes permanecen en este encuentro con la luz clara en lo que dura una digestión o un chasquido de dedos; es decir, entre dos o tres horas y un instante, mientras que los maestros contemplativos, al reconocer la naturaleza de la conciencia en todo su esplendor quedan liberados en su Ser primordial. Tal liberación les permite eximirse de la rueda del *samsara*, es decir, como comprendieron cómo funciona el *karma* de la rueda del *samsara* o rueda de nacimientos y muertes gozarán de libertad para volver o no a encarnarse.

En la tradición del viejo Tíbet, aquellos maestros plenamente iluminados adquieren el cuerpo *dharmakaya* o cuerpo de luz, siendo este el más elevado de los estados de conciencia. Después le sigue el «cuerpo arcoíris», que corresponde al cuerpo *sambhogakaya*. Como dice Francisco Tiso, con este cuerpo arcoíris se logra la resurrección y matar a la muerte, cuestión de la que los lamas del Tíbet tienen abundante documentación y evidencias.

La liberación producida con el *sambhogakaya* viene con el segundo o tercer encuentro, ya sea con las divinidades apacibles o con las iracundas.

Existen diferencias entre la liberación e iluminación de un *dharmakaya* y un *sambhogakaya*. El primero no necesita de instrucción y guía, pues ya posee y está establecido en la luz clara, mientras que el *sambhogakaya* requiere de instrucción o ayuda en su trance por el «bardo de la verdad en sí».

Veamos qué nos dice el *Bardo Thödol* al comienzo:

«Homenaje:

¡Om! Venerado sea el lama que es los tres cuerpos. Venerado el cuerpo de vacuidad (dharmakaya), por quien el espíritu despierto abarca y penetra todo, Amitabha, Buda de luz infinita.

Venerado sea el cuerpo de gozo (sambhogakaya), divinidades pacíficas e iracundas de la Orden del Loto. Venerado el cuerpo de emanación (nirmanakaya), Padmasambhava, venido como salvador de todos los seres.

Gran enseñanza de la liberación por la escucha ofrecida al yogui medio para que alcance la liberación cuando pase al estado intermedio».

Será el yogui medio, es decir, quien ha adquirido la conciencia del *sambhogakaya* y del *nirmanakaya*, el que deberá ser asistido y orientado, mediante la escucha o recordatorio de lo que experimentará en su trance por el bardo. Esta instrucción o recordatorio será más o menos necesaria según sea su capacidad adquirida en el yoga del sueño y la meditación contemplativa.

Una vez el difunto pase por el «desmayo» –que en realidad es el encuentro con la Madre Clara Luz–, si ha dejado la oportunidad de emanciparse o liberarse en la propia luz pasará a visualizar un mundo de colores y sonidos que son las emanaciones de los cinco *dhyani* budas: *vairochana* (éter), *vajrasattva* (agua), *ratnasambhava* (tierra), *amoghasiddhi* (aire) y *amitabha* (fuego).

Dhyani buda significa meditación en los budas, que representan los cinco elementos que componen nuestra naturaleza interna o psíquica. Estos elementos o *dhyani* budas se presentan primero en su lado positivo o virtuoso, pues emanan de la propia luz clara. El difunto deberá reconocer esas emanaciones o manifestaciones de luces y colores como proyecciones de sí mismo y, realizando tal reconocimiento, quedará liberado. De no ser así, los *dhyani* budas se manifestarán en su polo negativo, es decir, esas mismas manifestaciones surgirán ya contaminadas por nuestro ego. Igualmente tendrá la oportunidad de liberarse si es capaz de reconocer que todo lo que ve y escucha son proyecciones suyas.

Dice el *Bardo Thödol* sobre esta cuestión:

«Luego, si en el estado intermedio del momento de la muerte se reconoce la clara luz, se obtiene el cuerpo de vacuidad, y si, en el estado intermedio de la verdad en sí, se reconoce lo que es el espíritu, en el momento en que aparecen las divinidades pacíficas y airadas, se obtiene el cuerpo de gozo. Si se reconoce la verdad en el estado intermedio del devenir, se obtiene el cuerpo de emanación y se renace en los estados superiores del Ser en los que se encuentra nuevamente esta enseñanza. Las consecuencias favorables del karma se incluyen en la vida siguiente».

Nos queda el último bardo, el «bardo del devenir o del *karma*» (*sidpa bardo*). Como se cita arriba en el texto del *Bardo Thödol*, cuando entramos en el último bardo aún podemos liberarnos como un *nirmanakaya*, con la ventaja de poder renacer con el buen *karma* que nos ofrecen los estados superiores del Ser de reencontrar estas enseñanzas para proseguir en nuestro despertar de la conciencia.

Nos resta decir que las personas que no han tenido acceso a las enseñanzas del *Bardo Thödol*, del yoga del sueño, del budismo *vajrayana* o del *tantra*, el *dzogchen*, y el resto de enseñanzas al respecto, tienen una oportunidad muy valiosa hoy en día para experimentar y comprobar lo que estas tradiciones nos dicen, siendo que, si nos abrimos a la experiencia, podremos con no mucha dificultad adquirir suficiente luz y comprensión para enfrentarnos a nuestro examen final con buena nota. Pues si en un principio estas enseñanzas nos pueden resultar complicadas por extrañas, en realidad son en su uso práctico muy sencillas y simples, pues su fundamento es la contemplación, y esta meditación contemplativa no requiere de complicaciones ni de disciplinas férreas sino que se basa en recuperar nuestro estado natural o esencial.

Tenemos un sueño profundo que ignoramos, tenemos un mundo onírico por descubrir y un estado de vigilia cuya realidad desconocemos al obviar los estados precedentes de conciencia inherentes a él; es decir, el estado de vigilia ignora su realidad precedente del mundo onírico y del sueño profundo o sueños sin sueños.

Por otra parte, debemos tomar conciencia de cómo nuestra propia conciencia fue mutando y evolucionando desde sus orígenes hasta la actualidad, uniendo origen y presente, lo que nos llevará de modo inexorable a la conciencia integral, donde todas las demás etapas o estados de conciencia, arcaico, mágico, mítico, mental, concluirán en la integración y unidad de todos ellos, permitiendo que nuestro Brahma, Tao, Dios, espíritu, Tum, Buda, Cristo íntimo, etc. regrese a la luz clara o espacio abstracto absoluto propio de su naturaleza en el gran océano de la vida libre en su movimiento.

BIBLIOGRAFÍA

- Francis Tiso: *Cuerpo arcoíris y resurrección: logro espiritual, la disolución del cuerpo material y el caso de Khenpo A Chö.*
- Holger Kalweit: *Ensoñación y espacio interior, el mundo del chamán.*
- Ken Wilbert: *Después del edén. La religión de futuro. Psicología integral.*
- *Libro tibetano de los muertos Bardo Thödol* atribuido a Padmasambhava. Prefacio del lama Anagarika Govinda.
- Giuseppe Tucci: *Libro tibetano de los muertos.*
- Tenzin Wangyal Rimpoché: *El yoga de los sueños. Maravillas de la mente natural.*
- Namkhai Norbu Rimpoché: *El yoga de los sueños. El cristal y la vía de la luz.*
- S.S. el Dalai Lama: *El sueño, los sueños y la muerte.*
- Mircea Eliade: *El chamanismo y las técnicas arcaicas del éxtasis.*
- Joseph Campdell: *Las máscaras de dios.*
- C.G. Jung: *Energética psíquica y esencia del sueño.*
- Samael Aún Weor: *Doctrina secreta de Anahuac.*
- Jean Gebser: *Origen y presente.*
- Sri Swami Sivananda: *Filosofía del sueño.*
- John White: *Qué es la iluminación,* con la cooperación de los siguientes autores: Alan Watts, Aldous Huxley, Sri Aurobindo, Jidu Krishnamurti, Ken Wilbert, Roger Walsh, Richard Bucke, Evelyn Underhill, Gopi Krishna, Da Free John, Dane Rudhyar, Huston-Smith, Lex Hixon, Allen Cohen y Meher Baba.
- Elisabeth Kübler-Ross: *La muerte, un amanecer.*
- Raymond A. Moody: *Vida después de la Vida.*

- W.Y. Evans-Wents: *Libro tibetano de los muertos.*
- Sogyal Rimpoché: *Enseñanzas del Bardo Thödol.*
- Vicki Mackenzie: *Maestros de la reencarnación.*
- Gueshe Kelsang Gyatso: *Budismo moderno.*
- Robet Macoy: *Los ritos funerarios de la masonería.*
- J. Krishnamurti: *El arte de vivir.*
- Shunryu Suzuki: *Mente de principiante.*
- Chögyam Trungpa Rimpoché: *Loca sabiduría.*
- Lama Yeshe: *Introducción al tantra.*
- B. Alan Wallace: *Soñar que estás despierto.*
- Rudolf Steiner: *La iniciación o cómo adquirir el conocimiento de los mundos superiores.*

KOLIMA
BOOKS

www.ingramcontent.com/pod-product-compliance
Lightning Source LLC
LaVergne TN
LVHW020321200726

843507LV00012B/2188